KB176080

긍정으로 인생 물들이기 2

의 식 수 준 으 로 사 람 을 보 다

긍정으로
인생
물들이기 2

백종순 지음

이담
Books

이 문을 여는 순간 당신의 마음도 함께 열리길 기도합니다

이 책을 쓰는 데 꼬박 3년이 걸렸다. 마음이 미련하고 연약한 그릇을 가진 나이기에, 부족한 점이 드러날 때마다 눈물을 한 바가지씩 쏟아냈다. 때로는 '마음 수련을 하는 선배들이 이런 나를 보면 어떻게 생각할까?' 하는 걱정이 앞서기도 했다. 그럼에도 이 책에 내 상태를 고스란히 담은 것은 인생 후배들을 위해 나의 미성숙이 좋은 재료가 되면 좋겠다는 작은 소망 때문이다. 내가 가지고 있던 문제의 백(100%)은 마음그릇이 넓은 의식 수준에 있는 인생 선배들에게는 문제의 일(1%)도 아닐 것이다. 하지만 마음그릇이 작은 나에게는 넘어야 하는 바위와 같은 장애물이었다. 나의 실수와 허점, 못난 점들을 드러내고 직면해야 했기 때문에 이 책을 쓰기 위해서 많은 용기가 필요했다. 그렇기에 내 실수와 잘못들을 미화하지 않고 객관적 관점에서 쓰려고 노력했다. 아직도 글 중간 중간에 내가 살아 있는 탓에 자기 자랑이라고 느껴지는 부분이 있다면 부디 독자들이 넓은 마음으로 이해해주기 바란다. 언어 표현의 한계로 인한 것일 뿐 필자는 천하고 멸시받았고, 가진 것이 없는 사람이다. 아래에 있으면 보이는 것이 많다. 무시받는 사람의 마음이 보여서 '나는 그렇게 하지 말아야지' 하는 마음이 생긴다. 긍정의식은 감정과 행동을 만들어간다. 이 책은 긍정의 '지행합일'을 실천한 것들을 모은 것이다. 이 방법들을 삶에 적용할 수 있도록 일목요연하게 정리하려고 노력하였다. 마음의 병적상태를 진단하고 건강한 상태로 발전할 수 있게 하는 긍정적인 방법들을 도모하기 위해 일상생활에서 실천할 수 있는 방법을 찾아보았다. 마지막으로 독자들이 이 책을 대인관계에서 활용할 수 있었으면 좋겠다.

필자가 고전을 가까이하는 것은 고전을 통해 인류의 사상과 정신을 깨우칠 수 있기 때문이다. 소설과 대중가요 가사를 들어보면 대부분이 인간의 에로스적인 환상만을 그리고 있다. 인생을 많이 살지는 않았지만 필자의 경험상, 남녀 간의 사랑보다 더 애절하고 진한 것이 부모자식 간의 사랑이라고 생각한다. 아버지가 돌아가셨을 때 내 인생에 '남녀 간의 사랑'은 사치라는 생각이 들었다. 죽을 때까지 잊지 못할 것 같던 첫사랑의 추억도 퇴색되어 갔다. 그리고 자식을 낳는 순간에 한 차원 높은 사랑이 자식을 향해 퐁퐁 솟아올랐다. 여기에 더하여 그동안의 삶 과정에서 우여곡절과 모든 어려움들이 눈 녹듯 사라졌다. 그리고 웬만한 어려움은 그 어린 것 하나로 인해 극복할 수 있었다. 내가 그토록 두려워하던 어둠과 밤, 귀신도 어린 아들을 지키겠다는 의지와 자식에 대한 사랑으로 아무렇지도 않게 뛰어넘었다.

그러니 나는 남녀 간의 불륜으로 인해 자식을 버리고 뛰쳐나가 자기 환상을 쫓는 여성들을 이해하지 못한다. 헛된 욕망이다. 나는 20대에 이러한 욕망이 덧없음을 알았다. 남녀 간의 사랑도 부모자식 간의 숭고한 사랑을 뛰어넘지 못한다. 그리고 20대에 이러한 남녀 간의 사랑의 덧없음을 알고 뛰어넘은 사람에게는 그러한 유혹이 더 이상 접근하지 못한다. 오더라도 아주 낮은 허들 경기처럼 넘어가기 쉬울 것이다. 유혹이나 미혹이라는 것도 그러한 마음이 있는 사람에게 찾아오기 마련이다. 남녀 간의 사랑이라는 것은 헛된 전도망상에 불과하고, 부모자식 간의 사랑은 더 가치 있고 값진 것이다. 이 책을 쓴 목적은 시시한 남녀의 사랑타령이나 불륜 등의 시시한 일락으로 대중들의 시선을 잡으려고 한 것이 아니다. 진실한 마음을 찾고자 하는 소수의 독자를 위한 것이다. 이 지구에서는 소수의 사람들만이 자신의 실수를 바로잡고자 마음 깊은 곳에서 용기를 끌어올릴 것이다. 자신의 실수를 직면하고 마음속의 용기를 끌어올려서 변화하고자 열망하는 모든 사람들에게 이 책을 바친다. 그리고 마침내 소수의 사람들만이 신으로부터 진정한 용서를 받을 수 있을 것이다.

이 책을 집필하기까지 도움을 주신 분들께 감사드린다. 먼저 지금은 이 세상에 없지만 시공간을 넘어 책으로서 나를 만나준 ≪의식혁명≫의 저자 데이비드 호킨스 박사에게 감사드린다. 그리고 마음교실의 선배님들이 나를 사랑으로 이끌어주었기에 중도에 포기하지 않고 끝까지 책을 쓸 수 있었다. 부족한 글에 애정을 가지고 출간 작업을 도와준 이담북스의 조가연 선생님과 아름다운 그림을 제공한 목진송 님, 의미 있는 사진을 제공한 목만균 님, 언제나 딸을 믿어주는 어머니 국영순 님에게도 감사하는 마음을 전한다.

백종순

▋목차

01

행복에 대한 오해

인간은 누구나 행복에 대해 진지하게 생각한다. 내가 진정 행복한 삶을 살고 있는지……. 하루하루를 바쁘게 살다보면, 과정보다는 결과에 지나치게 매달리고 경쟁적으로 살아가게 된다. 왠지 중요한 것이 빠진 것 같은 허무하고 지루한 느낌을 지울 수가 없다.

외적인 것에서 행복을 추구하다 보면, 경쟁이 불가피하다. 외적인 것은 자리, 명예, 돈, 권력 등이다. 이런 것들은 자기 일들을 열심히 하다 보면 자연스럽게 따라오게 되는 것이지, 결코 의도적으로, 계산적으로 얻어지는 것이 아니다. 그런 삶에는 진정한 행복이 결여되기 쉽다.

사람들은 각자의 의식 수준에서 행복을 추구하며 산다. 돈, 명예, 권력은 능력과 인격이 겸비될 때 자연스럽게 뒤따라오는 것이지 매달리며 쫓아간다고 붙잡아지는 것은 결코 아니다.

행복은 우리의 일상에서 만나는 누군가의 미소, 따뜻한 손길, 진실한 말 한마디를 느낄 수 있는 마음속에서 오는 것이다. 이 행복을 꺼낼 수 있는 것은 어려운 일이다. 땅속에 깊이 박혀 있는 루비 보석처럼 숨어 있는지도 모른다. 그것을 꺼내서 가공하여 자신의 것으로 만들 수 있는 사람만이 행복을 가질 수 있는 것이다. 그러니 행복은 마음먹기에 달린 것이다.

행복은 사소하고 작은 일 속에 숨어 있기에 우리는 아름다운 마음과 고운 시선으로 사물을 바라볼 수 있어야 상황과 사건 속에서 행복의 요소를 발견할 수 있는 것이다. 행복을 발견하는 눈은 연습 속에서 가능하다. 매일매일 거창하고 말초신경의 자극만을 추구하는 시선 속에는 작은 행복을 찾을 수가 없다. 작고 사소한 일 속에서 다이아몬드 같은 보석을 찾고 즐길 수 있는 능력은 아무에게나 오는 것은 아니다. 이 세상은 맛있고 빛나는 것들에 취해 있다. 그래서 일상은 이벤트로 바뀌고 마음은 물질로 퇴색되고 있다. 진정한 마음보다도 물질이 더 사람들의 눈길을 사로잡는다. 현대인들은 물질의 노예가 되어 영혼도 물질을 위해 팔 준비가 되어 있는 파우스트가 되어 있다. 진지하게 고뇌하며 무엇이 옳은가에 대해 생각하지 않는다.

물질이나 권력 명예는 일종의 파이다. 파이는 한정되어 있는데 추구하는 사람은 많으니 당연히 경쟁이 불가피하다.

그래서 행복에 대해 우리는 다시 생각해보아야 한다. 경쟁 속에서 또는 외적인 것에서 행복을 구하기보다는 내적인 것에서 행복을 구해야 하지 않을까?

로버트 브라우닝의 극시인 '봄날의 노래', '아침의 노래'를 보면 행복에 대해 우리는 다시 한 번 생각해볼 수 있다. 행복은 우리 자신과 멀리 있는 것이 아니라 아주 가까이 있다는 것을 알게 된다. 아주 사소하고 작은 노래이지만 다른 사람의 영혼을 살리는 위대한 노래가 될 수도 있다. 행복한 사람들은 노래를 흥얼거린다.

극시에 등장하는 피파라는 소녀는 베니스의 실크공장에서 일하고 있다. 소녀는 1년에 한 번 있는 휴가에 이 행복한 사람들의 창가에 가서 노래를 불러주기로 결심한다. 이 소녀는 이 마을에서 사는 5명의 사람들을 부러워한다. 이 소녀가 생각하기에 이 사람들은 제각기 명예, 돈, 권력을 소유한 사람들이어서 행복할 것이라고 기대한다. 그런데 5명의 사람들은 아주 힘든 시기를 보내고 있었다. 두 명의 남녀는 불륜을 저지르고 살인을 한다. 두 명의 남녀는 피파의 노래 소리를 듣고 회한의 눈물을 흘리며 자수할 것은 결심한다. 두 번째 남자는 창녀의 딸과 사기결혼을 하고 분노에 아내를 버리고 떠나려고 한다. 하지만 영혼을 울리는 피파의 노래 소리를 듣고 이 남자는 아내에 대한 새로운 사랑을 눈뜨게 된다. 세 번째 남자는 폭군을 살해하려는 계획을 가지고 있었으나 용기가 없었다. 그런 중에 피파의 노래를 듣고 자신의 이상과 사명을 다시 한 번 되새기게 된다. 마지막으로 피파는 행복해 보이는 성직자의 창가에 가서 고운 노래를 불러준다. 성직자는 세속의 악에 자신의 영혼을 팔려고 하였으나 피파의 노래 소리에 다시금 종교적 경건으로 자신을 재무장한다.

피파는 모르는 사이에 5명의 마음에 노래로서 순수함을 선물했고 인생의 행로를 다시 설정해주는 영혼에 큰 울림과 영향력을 행사하였다. 우리도 피파처럼 누군가의 정신과 영혼에 은근한 울림과 파동을 줄 수 있다. 행복은 마음속에 있다. 진실에 대해, 순수함에 대해 외면하지 않을 때 우리는 행복해질 수 있다. 행복은 작은 미소, 화해를 청하는 손길, 따뜻한 말 한마디에 루비 보석처럼 숨어 있다.

02
인생은 성장하는 나무

성장은 일정한 시기가 아니라 생이 멈추는 순간까지 계속되는 연속과정 속에서 일어난다. 우리의 정신은 계속해서 변화되고 진보되고 있다. 20대에는 신체의 순발력과 근력이 강하다.

그러나 나이가 먹을수록 더 성숙해가는 것이 있다. 포기만 하지 않는다면 능력은 계속 증가하게 된다. 하워드 가드너에 의하면 인간의 지능은 10가지 정도라고 한다. 이 10가지 지능은 모든 인간이 식물의 씨처럼, 유전 정보처럼 가지고 태어난다고 본다. 모든 사람들이 지능을 선천적으로 가지고 태어나지만 훈련과 교육적 경험이 없다면 지능이 꽃을 피우고 창조적인 열매를 맺기는 어렵다는 것이다. 그런 의미에서 선천적으로 받은 지능보다 더 필요한 것이 인간이 의지를 가지고 노력하는 것이다. 10가지 지능을 보면, 언어지능, 신체운동, 자연친화, 논리수학, 음악지능, 공간지능, 인간친화지능, 자아성찰지능, 도덕지능, 영성지능 등이다. 연구에 의하면 20대에 가장 발휘되는 지능은 신체운동, 논리수학지능과 공간지능이라고 한다. 나머지 언어지능, 신체운동, 자연친화, 인간친화, 음악지능, 공간지능, 자아성찰, 도덕지능, 영성지능 등은 나이가 들수록 훈련과 경험에 의해 높아질 수 있는 지능들이다.

그 예로 언어지능은 나이가 들수록 성장하고 발달한다. '시'라는 영역은 감성을 끌어다 쓰기에 20~30대가 강하지만, 나이 든 시인은 원숙한 시를 지을 수 있다. 주지하듯 괴테는 82세라는 나이에 '파우스트'를 완성했다. 그 밖에도 소설을 쓰는 작가들은 대부분 40세가 넘어야 가능하다. 경험과 타인에 대한 공감이 없다면 감화 감동이 있는 소설을 쓸 수가 없는 듯하다. 또 40세에서 50세에 가능한 언어영역이 바로 희곡이다. 인생의 눈물을 아는 사람만이 진정한 웃음과 기쁨을 알 수 있기에 가능한 일이 아닐까?

그렇기에 공부는 나이 들어서 하는 것이 제격이다. 40세가 넘으면, 유혹에 대한 절제력이 생기고 환경을 초월한 내적 평화가 찾아오기에 가능하다. 40세가 넘는다고 모두에게 찾아오는 것이 아니다. 그만큼 마음 수련을 한 사람에게 찾아오는 절제력이다. 그러니 마음 고생은 헛것이 아니다. 인생에서 공짜는 없다. 나이 든 사람은 공부할 때 침착하고 이해력이 있다. 젊은 사람들은 감각기억은 뛰어나지만, 그만큼 빠져나가는 것이 많다. 나이 들어 하는 공부는 또 한 가지 장점이 있다. 그동안의 경험과 새로 배우는 이론이 통합되면서 지혜로 연결되기 쉽다. 지혜는 실천의 힘이 강하다. 공부의 목적인 지행합일 하기가 더 쉽다.

이 밖에도 음악지능은 나이가 들어도 지속적인 훈련과 연습이 전제된다면 계속 발달해간다. 성공한 음악가들은 해가 갈수록 음악이 세련되어지고 성숙되어지는 것을 볼 수 있다.

또 나이를 먹으면 자연에 대한 공감이 더 절실해진다. 그래서 풀 한 포기, 나무 한 그루, 꽃 한 송이를 바라볼 때 더 찬찬히, 더 깊게 바라볼 수 있는 여유와 관심이 생긴다. 마음에서 우러나오는 관심과 사랑을 가지고 식물과 교감을 나누게 된다. 사랑이 투영된 보살핌은 자연과 인간을 더 긴밀하게 연결해줄 수 있다. 이러한 지능들을 통해 문제해결력과 창의성을 발휘한다. 전혀 다른 시각으로 의미 있게 문제를 해결할 수 있는 힘은 바로 창의성이다. 나이 들수록 각 지능의 영역에서 꽃을 피울 수 있는 창의력은 측두엽의 경험과 전두엽의 집중력이 상호작용할 때 뇌에서 불이 켜지게 된다. 그래서 창의력은 나이 들어도 꺼지지 않는 것이다. 전두엽은 인간이 인간다울 수 있는 교양과 예의, 참을성, 미래에 대한 조망능력을 가지고 있는 부분이다. 이 전두엽은 저절로 성숙할 수 있는 것이 아니라 교육으로 인도될 때 성숙되어진다. 인간의 비극적인 운명은 전두엽이 가장 늦게 성숙하고 가장 먼저 퇴화하는 것이라고 하지만, 노화도 개인적인 노력에 따라 생각하는 능력인 뇌가 나이를 먹는 것도 얼마든지 최대한 지연하고 억제시킬 수 있는 것이다. 노화는 게으르고 안일한 사람들, 생각하기를 멈춘 사람들에게 찾아온다. 그러므로 평생 공부하고, 운동하고, 좋은 음식(야채와 과일)을 먹는다면 건강한 노년을 보낼 수 있다. 긍정적인 사람들은 나이를 운운하지 않고 도전한다. 인생의 도전이 없다면 역동성이 없는 밋밋한 삶을 살게 되는 것이다. 긍정적인 사람들은 일상에서, 자신의 생활 속에서 늘 끊임없이 도전과 응전을 이루어내고, 즐기는 사람들이다.

03
무엇을 볼 것인가?

생육신의 한 사람이었던 김시습에 대한 어릴 적 일화가 있다. 그는 어릴 때부터 언어신동이었다. 세종은 5살인 어린 김시습의 지혜와 능력이 얼마나 되는가를 가늠해보려고 궁궐 안으로 불렀다. 세종은 김시습에게 친히 이것저것을 묻고 그의 지혜를 살핀 뒤 크게 만족하여 상으로 비단 몇 필을 내려주었다. 진짜 시험은 이것이었는데 비단을 어른의 도움 없이 홀로 가져가도록 하였다. 어린 김시습은 비단을 풀어 허리에 묶어 집까지 끌고 돌아갔다는 것이다. 그의 시를 보면 그가 얼마나 긍정적인 사람인지 알 수 있다.

그는 백이와 숙제 같은 사람이었다. 정치적 생명을 끊을지언정 불사이군의 지조와 정절을 지키기 위해 그는 조정의 부름을 마다한 생육신의 한 사람이었다.

선비로서 그는 뜻을 얻어 자신의 비전과 사상을 정치를 통해 펼치고 싶었을 것이다. 그러나 그는 정치적 정절과 신념이 중요했기에 자신과 도덕성에 대한 의미의 공간이 너무나 거리가 멀었던 세조를 받아들을 수 없었다. 그들과 함께 같은 공간에 있다는 것은 대단한 윤리적 수치였던 것이다. 그는 세속의 정치와 타협하지 않고 고고하게 자신을 지킨다.

그럼에도 그는 자연에 대한 따뜻한 시선을 잃지 않았다. 그는 세상과 환경을 원망하지 않은 듯하다. 그는 긍정적이다. 성공하는 사람들은 생각 자체가 긍정적이다. 부정적이라면 문제의 해결은 나오지 않는다. 그는 자연과 벗하며 자연의 불편함을 느끼기보다는 긍정적인 면을 부각해서 보았다. 자연에 대한 따뜻한 시각은 일반화되어서 사람들에 대한 관심과 애정으로 전환된다. 그의 시를 보면 그의 마음을 알 수 있다.

> 산에 오르면 그 높음을 배울 것을 생각하고
> 물가에 임하면 그 맑음을 배울 것을 생각하고
> 바위에 앉으면 그 굳건함을 배울 것을 생각하고
> 소나무를 보면 그 곧음을 배울 것을 생각하고
> 달을 마주하면 그 밝음을 배울 것을 생각하라.

같은 이슬을 먹어도 어떤 사람은 독을 뱉어내는 비판을 하고, 어떤 사람은 우유 같은 지혜를 만든다. 비판 앞에서는 아무도 서 있을 수 없다. 긍정필터를 가질 것인가? 부정필터를 가질 것인가? 이것이 문제이다. 순수한 불순물이 없는 영도에 가까운 긍정은 보유하기가 힘들다. 순수한 긍정의 의식일 때도 인간은 한 점 의혹은 있다. 그렇기에 우리는 매일 긍정적이 되어야 피안의 세계에 도달할 수 있을 것이다.

불완전한 인간이기에 무결점의 긍정이란 있을 수 없으리라. 매일매일 우리는 중력법칙의 지배를 받고 있다. 운동을 안 하면 신체적 근력과 피부가 아래로, 아래로 향하듯 정신의 법칙도 중력법칙을 따라가기 십상이다. 그렇기에 매일 좋은 글을 묵상하고, 긍정의 말을 암송하면 정신과 의식, 감정은 긍정에너지를 채운다. 다운되거나 처지는 의식은 할 일이 없을 때, 정신적 집중을 하지 않을 때 곧장 나를 찾아와 지배한다. 그야말로 부정적 의식은 나를 갉아먹는 어두움과 혼란, 공허함의 정체다. 의식이 혼란스러울 때 무질서가 생기고 무질서에는 공허가 찾아온다. 무질서와 혼란의 의식에 지배받지 않으려면 긍정으로 무장해야 한다. 매일매일 긍정적인 요소를 찾고 삶 속에 내가 잘할 수 있는 일에 집중할 때 가능하다.

내게 없는 것, 할 수 없는 일, 남 탓이나 환경 탓을 하면 할수록 긍정적인 의식과는 거리감이 생긴다. 인생의 문제해결을 하고 싶다면 먼저 자신이 할 수 있는 일, 자신에게 있는 자원을 활용할 때 시작된다.

김시습이 할 수 있는 일은 글을 쓰는 일이었다. 그는 현실과 이상의 괴리 때문에 괴로워하지 않았고 그의 학문에 매진할 수 있었다. 훌륭한 사람들은 고칠 수 있는 것과 없는 것을 빨리 인식하고 바꿀 수 없는 타인과 세상에 대해 고민하지 않는다. 인간은 직접적으로 자신만 바꾸고 변화시킬 수 있을 뿐 타인과 세상은 간접적으로 변화시킬 수 있다. 그리고 자신을 변화시킨다면 궁극적으로는 그 파동과 울림으로 세상도 메아리로 화답할 것이다.

04
연민의 정서

잔칫집에 가는 것보다는 상가 집에 가는 것이 마음에 더 좋다. 왜냐하면 슬픔과 비애로 인해 마음이 좋게 되기 때문이다. 특별히 연민과 비애의 정서가 발달한 사람들이 있다. 그들은 마음의 소리에 귀 기울이고 반응하는 사람들이다. 이런 사람들의 공통점은 '확장된 자아'를 가지고 있다. 내가 아플 때보다 네가 아플 때 더 아픈 사람들이다. 그러니 이런 사람들의 마음은 타인을 속이느니 속아주는 것이 낫고, 받는 사랑보다 주는 사랑이 더 알맞고 편하다. 필자도 그렇게 되려고 한다. 우리나라 속담에 맞은 사람이 발 뻗고 잔다는 말이 여기에 해당된다. 져주고, 손해보고, 속아주는 편이 마음이 편한 사람들도 있다.

세상은 '윈윈' 하라고 하지만 인격이 성숙되어지면 일부러 져주면서, 주는 사랑이 더 크다는 것을 알게 된다. 성숙한 사람은 타인에게 져주고 양보하고 주는 것이 삶의 가치와 행동양식으로 자리 잡은 사람들이다. 러셀도 그러했다. 러셀은 '고통받는 사람들에 대한 참을 수 없는 연민'이 그를 움직이는 동인이라고 하였다. 그래서 그는 교수이자 철학자이면서도 현실에 저항하는 실천적인 행동형의 사람이 되려고 노력했다. 그는 참으로 사는 동안 윤리와 지식의 두 기반에 선 지식인이라 할 수 있다. 윤리는 없고 지식의 외나무에 선 지식인은 세 가지 실수를 범하기 쉽다. 세 가지 실수는 인사받기 좋아하는 것이고, 상석에 앉기를 즐겨하며, 마지막으로는 지식의 열쇠를 가지고 있으면서 실천과 행동을 하지 못한다. 그렇다고 윤리만을 강요해서도 안 된다. 윤리만을 강조하면 순교자만 나오고, 지식만을 강조하면 이기적인 현실주의자만을 잉태하게 된다. 윤리차원과 지식차원 두 가지 기반에서 출발한 사람들은 아는 것과 실행을 통합하여 실천의지를 발휘할 수 있다. 윤리의식은 연민의 정서, 생각할 수 있는 힘, 실천의지가 있어야 가능하다.

필자에게 있어서 어머니가 그러하다. 그분은 적게 알고 있어도 아는 것 대부분 행동으로 통합되어 있다. 알아도 실천을 못 하는 우리 세대하고는 확실히 다르다. 그분은 알고 있는 것은 확실히 실천을 한다. 어머니는 언제나 거기 그렇게 서 계셨다. 아프면 아픈 대로 외로우면 외로운 대로 거기 그대로 나무를 닮을 사람처럼 움직이지 않으셨다. 바람 같은 사람들은 바람이 불면 자기 편한 곳으로 날아가건만 제 한 몸 위해 살건만…… 당신은 그리하지 않았다. 자기 입에는 거친 음식을 넣으면서도 지아비와 자식들의 입은 무엇이라고…… 그리 좋은 음식을 구해다 먹이셨는지 모를 일이다.

어머니는 몸이 약한 아버지도, 못난 자식들 대신해서 그 모진 바람과 된서리를 온몸으로 감내하셨다. 그래서 나는 어머니란 말에 목이 메이고, 일어서게 되고, 코끝이 찡하여 눈물을 흘리게 된다. 어머니의 눈에는 아버지와 자식들이 당신 삶에서 연민의 대상이고, 연민의 정서이고, 연민의 등짐이었다. 미련하고 못난 어머니의 나무 같은 사랑과 연민은 하늘을 감동시키고도 남았다. 아버지는 죽을 고비를 여러 번 넘기셨지만 50줄은 넘기셨다.

그에 비해 필자는 어떤가? 자식이 아프고 남편이 아파도 내가 고단하면 잠만 잘 잔다. 그래도 남편에 비해 자식에게는 연민의 정서가 좀 더 진하다. 나의 어머니는 연민의 정서의 '대가'였다. 그녀는 어디서 그런 연민을 배웠을까? 아님 타고난 것일까?

그녀는 가족과 자아분화가 덜 되었을까? 아니다 그녀는 성숙해져서 자아통합을 이룬 듯하다. 거창한 이론은 갖고 있지 못하지만, 그녀는 위대하다. 그녀의 지식은 이론적이거나 과학적 지식이 아니지만, 그녀는 실천적 지식에 있어서 그 누구보다도 강하다. 지식인들이 매일 머리만 아파할 때 그녀는 행동으로 보여주었다. 지식인들이 말만 하고 설명을 할 때, 그녀는 자식사랑을 몸소 보여주고 사람의 도리를 지켜나갔다. 그녀의 실천력은 나의 이론보다 강하다.

그녀를 생각만 해도 나는 가슴이 찡하다. 머리로만 느끼는 감성만이 아닌, 실천과 행동의 힘이 가장 중요한 가치이다.

05
헤어짐의 미학

나를 버린 이에게 정말로 복수해주는 길은 멋지게 살아주는 것이다. 그가 나를 선택하지 않은 것을 마음에 사무치게 후회하도록……. 그것을 증명하기 위해 오늘도 충실한 하루를 준비한다. 요즘은 스토커들이 꽤 있는 듯하다. 스토커의 심리 상태는 지금 떠나간 그대는 100점이고, 자신은 0점에서 30점 정도의 점수밖에 주지 않는 듯하다. 말 그대로 '나는 못났고 너는 잘났다'이다. 그래서 늘 일상이나 생활에서 유령처럼 '트라우마'가 쫓아다닌다. 그들은 옛 애인의 어두운 그림자로 마음속은 번민이 가득하다. 인생에 주인공은 자신인데 그 사람을 주인공으로 삼고 산다. 그래서 그들은 자신을 초라한 객체화하고 떠나간 님은 화려한 주체화시킨다. 앞으로 자신의 인생 그림 속에 그만큼 좋은 상대는 못 만날 것처럼 집착하게 된다.

필자도 30대 초반까지는 그랬다. 필자는 적극성이 결여되어서 문제의 원인을 자기에게 찾는 우울증이었다. 어쩔 수 없는 일에 대해서는 받아들이는 것이 좋다. 떠날 사람은 떠나게 되어 있다. 그 사람은 붙잡아도 갈 사람이었다. 님은 갔다. 그 님은 붙잡아도 갈 사람이었다. 배신한 님을 어떻게 잡을 수 있단 말인가? 우울증이 심하면 자살까지도 한다. 그 시절 나를 구원한 것은 오기였다. "그래 살아서 보여주마. 네가 떠나도 나는 망가지지 않고 굳건하게 더 멋지게 살아줄 것이다. 그래 언제가 너를 만나면 네가 나를 선택하지 않은 것이 너의 가장 큰 실수였음을 증명해주마. 복수하고 싶었고, 복수는 최대한 멋있어야 한다"라고 살아냈다. 자존감이 낮은 사람들은 사귀는 그대가 떠나면 두 가지로 정리된다. 소극적으로 자신을 탓하던지 아님 떠난 그대를 적극적으로 찾아가서 원래 위치로 되돌려 놓으려는 행동을 취한다. 나의 경험으로 말한다. 그래서 스토커에게 조언해줄 수 있다. 자신이 주체가 되라고 말이다. 기차는 떠나가도 버스는 또 온다. 물론 떨어뜨린 아이스크림이 커 보이고, 떠난 기차가 아쉽다. 하지만 인생은 그럼에도 불구하고 반전의 기회는 언제든지 있다. 마음을 다지고 다시 일어날 준비를 하는 자에게는 반드시 반전의 기회는 있다. 그것도 여러 번…… 왜 자기 파괴적이 되어야 하는가? 도대체 누구를 위한 파괴인가?

　자기 긍정과 자존감이 있다면 거기에 실력과 능력을 키운다면 굳이 매달리지 않아도 또 다른 기차와 버스는 줄을 서서 당신을 기다리고 있다. 당신은 너무 많은 사람들로 길을 잃게 될지도 모르는 유쾌한 비명을 지를 것이다. 당신은 떠나간 그대를 붙잡을 시간에 자신을 더 사랑하는 방법을 배우고 자신의 실력을 키워라. 당신 내면을 풍성하게 하기 위해 내공을 쌓는 독서를 하고 실력을 키워라.

　세월이 지났기에 말할 수 있다. 사람은 다 거기서 거기이다. 떠난

님이 자꾸 생각날 때는 떠난 님이 이빨 사이로 침 뱉는 모습을 상상해보라. 그도 타인처럼 흠과 티가 있고, 많은 시간 나와 함께했다면 반드시 행복하고 잘 되었으리란 보장도 없다.

필자도 사랑에는 도파민적 사랑만 있는 줄 알았다. 사랑은 극적이고, 열정적이고, 이벤트가 있어야 하는 줄 알았다. 살다 보니 너무 드라마틱하고 열정적이고, 이벤트로 이루어진 사랑은 힘들고 지친다는 것을 이해하게 되었다. 영화와 연극은 극적이고 반전이 많아야 재미있지만, 우리 삶은 굴곡이 너무 많으면 쉽게 지칠 수 있기에 세로토닌이 가득한 안정적인 사랑이 필요하다.

사랑의 열정이 식으면 인격만 남는다. 어느 사랑도 나이를 먹고 변화를 겪지 않을 수는 없다. 자신을 발전시키고, 성장시킬 수 있는 인격만이 사랑을 지켜낼 수 있다. 세월 속에서 성숙해질 수 있는 사람, 발효될 수 있는 사람만이 진정한 사랑을 만들어갈 수 있다.

만일 20대로 돌아갈 수만 있다면 40대의 정신적 성장을 포기할 수 있느냐고 누군가 묻는다면 나는 싫다. 돌아가기 싫다. 20대의 흔들림과 정신적 혼돈이 부끄럽고 싫다. 그 시기의 나는 바람 앞에 등불처럼 혼란과 공허만 있었다. 그리고 내부의 혼란을 극복하기 위한 방법을 외부에서 찾았기에 마음의 안정과 평화는 없었다. 지금은 어느 정도 마음의 평화와 깨달음을 조금이나마 찾았기에 40대에 만족하고 있다. 다시 산다 해도 이것보다 잘해낼 자신이 없다. 적당한 도파민은 삶의 활력을 준다. 그러나 그것은 남이 줄 수 있는 것이 아니다. 부작용 없는 삶의 열정은 내가 마음으로 부단히 노력할 때 가능한 것이다.

06

행복에 대한 정의

　　돈을 사랑하지 말고 있는 바를 족하게 여기라. 많은 사람들이 돈이 많으면 행복해질 거라고 여긴다. 그래서 돈을 쫓아가고 돈으로 실망하고, 돈으로 인생을 망가뜨리기도 한다. 부부 생활에서도 부부 싸움의 원인이 70% 이상이 돈이라고 한다. 물론 필자도 돈의 위력을 부인하는 것은 아니다. 필자도 돈이 좋다. 그래도 다행인지 명품병은 없다. 필자는 솔직히 명품이 있는 줄도 몰랐다. 나는 서민이고 시골출신이다 보니 내 주위에 명품을 소유한 사람을 보기도 했지만 그것이 그렇게 좋아 보이진 않았다.

　　어느 공무원이 많은 돈을 횡령을 했는데, 그 이유를 물었더니 "아내에게 명품 백을 사주려고 공금을 횡령했어요"라고 했다. 어이상실이다. 명품이 무엇이라고 5~20만 원 정도면 살 수 있는 가방을 100만 원에서 천만 원에 해당하는 가방을 산다. 물론 부자에게는 사치가 아니고 살 수 있는 생활 소품 정도일 것이다. 그러나 중산층인 나에게는 사치일 수 있는 것이다.

가정생활에서는 엄마로서 경제적인 안배가 중요하다. 특별한 날 남편이 명품을 선물한다면 사양은 안 하겠지만, 굳이 내가 그것을 사야 할 필요성은 못 느낀다. 그것을 들고 다녀야 내 자존감이 올라가는 것을 아니니까 그것에 초연하고 싶다면 어떻게 하면 좋을까?

돈이나 명예, 부귀를 누리면 행복할 것 같지만, 그것 자체에는 행복에 영향을 줄 수 없다. 그것들은 추락하는 날개를 가졌다. 돈도 명예도, 부귀도 날개가 달려서 언제 그 사람에게서 다른 주인공을 택해 날아갈지 모른다. 그러기에 도인의 마음으로 그것을 잡았다 할지라도 그것에 연연하지 않는 태도만이 자신을 살리는 길이다. 영원히 있을 것 같지만 그런 것들은 소리 소문도 없이 나의 품을 빠져나가기 십상이다. 돈, 명예, 부귀는 추락할 수 있는 날개를 가졌다. 요즘 미디어에 등장하는 사회적 지위가 높으신 양반들을 보라. 그들에게는 다 약점에 해당하는 인생오류들이 있는데 그런 오점 때문에 그 높은 자리에서 그대로 추락한다. 높음에서 낮음으로 추락하면 화를 삭이지 못해 몸에 병을 얻는다.

그렇다면 인간이 가장 행복한 순간은 언제일까? 자기가 가장 잘 몰입할 수 있는 일들을 통해 즐거움을 맛볼 때라고 한다. 눈에 보이는 것들에 마음을 빼앗기는 순간 남과 나를 비교하기 시작하고 열등의식에 빠진다. 남과 나는 성격, 능력 면에서 다른 존재이다. 그래서 그런 남과 자신을 단지 외향적인 면에서 비교는 공정한 게임이 될 수 없다. 흔히들 동창회에 가고 난 후 이 비교는 심각해진다. 인생은 봄, 여름, 가을, 겨울로 나누는 4계절에 비유할 수 있다. 그리고 봄에 피는 꽃도 있고, 여름에 피는 꽃도 있고, 가을에 피는 꽃도 있다. 겨울의 눈꽃은 얼마나 신비로운가? 늦가을의 서리꽃도 아름답지만 겨울의 눈꽃은 얼마나 고귀한가? 겨울의 모진 바람과 추위 속에서도 나무 같은 사람은 환경을 탓하지 않는다. 오직 앙상해진 나뭇가지를 통해 온몸으로 자신의 품을 벌려 눈을 받아들인다. 자신의 십자가를 버리지 않고 스스로 그러함에 내맡긴다. 그리고 아름다운 눈꽃을 피워낸다. 나무처럼 두 팔 벌려 오는 운명을 거부하거나 도망가지 않고 내적 기쁨을 외적 환경과 조화시켜 아름다운 눈꽃을 피워내는 나무, 그들이 있어 겨울이 참을 만하고 견딜 만하지 않은가?

눈꽃을 피워냈던 사람들, 인생을 살아가면서 실의의 시대에도 실망하지 않고 늘 소망을 두며, 득의의 시대에도 쉽사리 교만해지지 않고 묵묵히 자신의 자리를 지키는 나무를 닮은 사람들 곁에는 언제나 인내라는 두 글자가 있다. 그러한 사람들이 진정 아름답다. 그들이 아름다울 수 있는 이유는 그들에게는 오랜 시간 함께한 즐거운 일들! 자신이 추구하는 목표와 자기완성 다듬어서 완성해야 할 사명이 있었다. 그들에게는 일이 있었기에 멈출 수가 없었고, 실의의 시대에도 환난의 시대에도 인내했고 소망의 끈을 잡을 수가 있었다. 그러니 행복은 외적인 것이 아닌 우리 마음속에 숨어 있다. 행복은 남의 시선에 달려 있는 것이 아니라 자신이 몰입할 수 있는 일을 할 때 찾아오는 선물이다.

07

어느 부인의 말

동창회의 모임이 있던 날 나는 남편에게 '바가지'를 긁었다. 나의 못남이 자극되어졌건만 아직도 나는 '성인 아이'처럼…… 남 탓을 하고 있는 못난 자아가 내 안에 살고 있다. 자기를 성찰하는데 언어라는 매개체가 있어 얼마나 좋은가? 언어는 '존재의 집'이다. 말로서 나를 살릴 수도 있고 언어의 의지로서 내가 바라고 원하는 상태를 미리 선언하면 내 몸도 그렇게 된다. 말이 운명이고 말이 그 사람이다. 일찍이 정약용도 그 제자 황상이 학질에 걸려 많이 아팠을 때 병을 끊는 노래를 지어주었다고 한다. 이와 같이 제자를 사랑하는 스승도 있을까? 그들은 돈으로 이어진 이해관계가 아니었다. 그들의 관계는 연민과 시라는 공통 언어를 사유한 감상의 정서를 나눈 사제지간이었다. 그들의 언어적 '의미 공간'은 근거리에 위치했다. 그들의 상호작용은 질 높은 교재였다. 상호작용 수준이 낮으면 같이 있으나 마음은 멀다. 정신적 상호작용 수준이 높으면 몸은 멀어도 마음은 가깝다.

언어적 의미공간이란? 대화를 할 때 구어로 '사랑'을 말해도 생각 수준은 연속선상에서 0부터 100점까지가 있다. 어떤 사람의 사랑은 자기 수준에서 육체적 연합, 혹은 집착, 소유물로 생각할 수 있다. 그러나 100점의 수준에 있는 사람은 육체적, 정신적, 영적으로 완벽한 결합 상태를 의미하는 것일 수도 있다. 그렇기에 아는 만큼 보이고, 아는 만큼 수준을 결정하고, 아는 만큼 깨닫고 살아갈 수 있다.

그래서 수준이 비슷하면 대화가 통한다. 그러나 소경이 소경을 높은 곳, 피안의 세계, 진리의 언덕으로 인도할 수 없듯이 낮은 수준의 사람들은 이야기의 관점이 부정적이거나 비관적으로 흘러가기 마련이다. 그러나 정신과 마음의 수준이 높은 사람과 대화하면 문제 해결의 실마리가 보이고 긍정적, 낙관적으로 희망의 물결을 붙잡게 된다. 긍정적이고 행복한 사람들의 기준은 높다. 땅에 속한 사람들이 무엇을 입을까? 마실까? 먹을까? 고민하고 자랑하고 있을 때, 의식 수준이 높은 사람들은 정신적인 것들, 고귀한 일들, 인생의 사명에 대해 생각한다. 그래서 땅에 속해서 땅의 에너지를 먹고사는 사람들과는 수준과 차원이 다르다고 볼 수 있다.

정신적 차원의 사람들은 물리적 세계가 아무리 남루하고 힘들더라도 '상상과 예지력' 등의 희망의 물결을 붙잡는 사람들이다. 그렇기에 그들이 걸치고 있는 옷과 가방, 집 등이 부럽지 않다. 이런 물리적 차원을 벗어나 있다. 어느 상태에 속하든 즐거워하고 항상 기뻐하고 자족하게 된다. 자신이 좋아하는 일을 하고 사랑하는 사람과 있다면 물리적인 환경은 제약이 될 수 없는 것이다. 정신적으로 행복한 사람들은 환경을 탓하지 않고 자신에게 있는 것, 할 수 있는 일에 집중한다. 그래서 그들은 현상적인 세계, 즉 여기와 지금에 집중한다.

물리적 차원을 사는 땅에 속한 여인과 정신적 차원을 사는 여인의 대화를 보자. 요즘 동창회에 나올 법한 스토리다. 이야기 배경은 중세 로마이다. 코르넬리아라는 여인과 그녀의 두 아들은 귀부인의 점심식사 초대를 받았다. 두 아들은 멀리서 산책을 하고 있었다.

"형, 엄마 좀 바라봐. 엄마는 보석 하나도 하지 않고 목걸이도 하지 않았지만, 땋은 머리가 목걸이와 보석을 대신하고 있어."

"그래, 그렇구나. 귀부인처럼 빛나는 금사 옷을 입지 않으셨지만, 누구보다도 고귀하고 아름다우셔."

"형, 엄마도 우리처럼 이곳에서 살고 싶으실까?"

코르넬리아는 귀부인과 대화를 하고 있었다. 귀부인은 아름다운 자신의 옷과 약지손가락에 끼고 있는 다이아몬드 보석을 떠벌리고 있었다. 그리고 자신의 커다란 보석함을 하인에게 가져오도록 했다. 보석함에는 우윳빛을 발하는 바다의 보석 진주와 석류처럼 빨간 루비, 푸른 하늘을 닮은 사파이어, 요정의 옷 색깔을 닮은 초록색 에메랄드 그리고 태양빛처럼 눈부신 다이아몬드가 있었다. 귀부인은 부러움의 탄성을 지르지 않는 코르넬리아가 미워지기 시작했다. 그녀는 코르넬리아의 평정심을 무너뜨리고 싶어서 코르넬리아의 아픈 곳을 송곳으로 쑤시는 듯한 말을 했다.

"그런데 코르넬리아 당신은 파산을 했다면서요. 아휴 어쩌면 좋아. 당신이 가지고 있던 보석은 어떻게 했나요?"

그러자 코르넬리아는 부드러운 미소를 머금은 채 대답하였다.

"애들아, 이리 오너라."

"부인, 제 걱정을 해주셔서 감사합니다. 저에게는 세상에서 가장 귀한 두 개의 보석이 있답니다. 바로 제 두 아들이지요." 코르넬리아는 진정으로 자부심과 긍지를 가진 눈으로 두 아들을 바라보았다. 아들들은 어머니의 말에 보답이라도 하듯이 자신감 있게 얼굴에 햇살 같은 웃음을 머금고 귀부인을 바라보았다. 먼 훗날 두 아들은 로마의 훌륭한 지도자가 되었으리라. 우리가 관심을 갖고 있는 것은 귀부인 같은 보석을 마음에 두고 있는가? 아니면 코르넬리아처럼 사랑스러운 자녀 혹은 내 옆에 있는 사람에게 마음을 두고 있는가? 나는 사람을 살리는 사람이고 싶다.

08

좋은 습관

　행복하고 성공하는 사람들은 자기가 평생 몰입해야 할 자기의 소명을 발견한 사람들이다. 그래서 일상의 고통스러운 순간들을 떠나보내거나 잊고 싶을 때 자아분화 수준이 높기에 골치 아픈 일은 잠시 뒤로 미루고 자신의 일에 집중하곤 한다. 자신의 일에 집중하지 못할 때 현실의 일에 매여 고통스러운 그 일만을 직시한다면 그야말로 지옥이다. 우리는 고통스러운 현실을 벗어나기 위해 상상을 하거나 한 차원 높은 대처방법을 쓴다. 현실의 가옥을 튼튼히 짓고 있는 사람들은 상상의 도피처를 만들 필요가 없다. 그러나 현실의 장벽 때문에 내가 소망하는 것이 금지되어 있거나 힘이 들 때는 상상을 통해 자신의 욕구를 실현할 필요가 있다. 그렇다고 상상만 하라는 것이 아니라 현실과 가공의 세계를 적당히 왔다 갔다 하라는 것이다. 인간은 물리적인 존재만이 아니라 정신적이고 영적인 존재이기 때문이다.

현실이 힘들 때는 정신적인 대처 전략을 쓰는 것이 적응에 효과적이다. 우리는 매일매일 위험한 적과 동침을 하거나 사회적 상황에서 적을 만난다. 이럴 때 우리는 도주할 것인가? 아니면 싸울 것인가? 아니면 적응을 위해 웃을 것인가를 선택하고 결정해야 한다. 이때 매일 싸우거나 매일 도주, 회피할 수는 없다. 이때 적응을 위해 가장 효과적인 전략을 구사해야 한다. 이 효과적인 전략은 바로 이타주의, 유머, 억제, 예상, 웃음, 승화이다. 적을 가장 통쾌하게 이기는 방법은 여유를 갖고 웃어주거나 예상외로 화를 내지 않고 도움행동을 하는 것이다. 너무 열 받아서 이도 저도 못했다면 사후약방문으로 쓰라린 가슴으로 집에 돌아와 통탄하며 글을 쓸 수도 있다. 직업적인 글쓰기 작가라면 그러한 일을 하는 비슷한 악인 한명을 만들어내서 간접복수를 할 수도 있겠지만 보통사람이라면 그냥 일기에 담담히 적어 내려가도 좋다. 아니면 그림을 그려도 좋을 듯하다. 어쨌든 악인에게 가장 좋은 대처방법은 그의 부정성에 휘둘리지 않고 내 쪽에서 긍정성을 확보하는 것이 가장 확실하게 이기는 방법이다. 두 번째 악인에게 좋은 대처방법은 악인의 말을 내 마음속에 심고 물 주고 비료 주는 행위, 즉 곱씹어보지 않는 것이 좋다. 눈으로 '휘리릭' 날려 보내고 귀로는 세이식을 행하는 좋은 방법은 일기를 쓰는 것이다. 다윗도 악인을 저주한 것으로 나와 있다. 이런 말을 했다. "악인의 자식들이 빌어먹게 하소서." 얼마나 속이 상했으면 악인이 당대에 복을 받지 못하는 것도 모자라 악인이 가장 사랑하는 자식들에게도 저주가 미치도록 했겠는가? 어쨌든 자녀는 부모의 그늘에서 살기에 부모의 죄도 자녀에게 파급효과는 있다는 것은 사실이다.

자신을 바쳐 평생 동안 헌신해야 할 일을 발견한 사람들은 행복을 확보한 사람들이다. 이들은 더 이상 먹을 것, 입을 것, 마실 것에 연연해 일을 하는 것이 아니다. 외적인 무언가에 매달려 내적인 소중한 것을 놓치지 않기 때문이다. 이들은 마음의 소리를 들을 줄 알기에 참으로 자신의 존재 가치를 발견한 사람들이다. 사람은 동물이 아니다. 사람은 물리적 존재만이 아닌 정신적 영적 존재이다. 진실로 행복하고 만족한 삶을 살기 위해서는 가슴이 시키는 일 '마음의 소리', 즉 내면의 소리에 귀 기울일 줄 알아야 한다.

인간은 언제 행복할까? 자신이 가장 잘할 수 있는 일을 발견했을 때이다. 자신이 그 일을 할 때 가장 행복한 것이다. 자신이 가장 좋아하는 일, 즉 잘할 수 있는 일을 발견했다 할지라도 더 중요한 것은 그 일을 통해 창의적 결과물을 세상에 내놓는 것이다. 그렇게 하기 위해서는 매진하고 몰입하는 습관을 가져야 한다. 평범과 비범을 가르는 것은 연습과 훈련에 있다.

하루 3시간씩 일주일에 21시간, 이렇게 10년을 하면 매직의 시간인 1만 시간이 채워져 누구나 그 전공 분야에서 전문가가 될 수 있는 것이다. 교육학에서도 양이 질로 승화됨을 말하고 있다. 양이 많이 축적되다 보면 질적으로 우수해지는 것이다.

자신의 일로 행복했던 사람들은 일상의 잡다한 일들로 자신의 마음을 빼앗기지 않았다. 그들은 마음의 돋보기를 여기저기 비추어 자신의 에너지를 분산하지 않았다. 그들은 최소한의 의식주를 통해 몸의 에너지를 보충하고 더 이상 욕심내지 않은 하늘의 사람들이었다. 땅의 사람들은 의식주에 연연하고 사람들의 칭찬에 연연해한다. 그러나 하늘의 사람들은 이런 땅의 일에는 관심이 없었고 자족할 줄 알았고 돈이 악의 뿌리라는 것을 익히 알고 있었기에 자신의 재능을 돈에 팔지 않았다. 그들은 내적 즐거움으로 인해 일을 즐기고 몰입을 통해 우주와 교감하는 사람들이었다. 행복은 외적인 데 있지 않다. 내적이고 자기 체험적이다. 깨달음의 순간 우리는 우주의 차원과 만나게 되는 고상한 정신적 기쁨을 맛보게 된다. 세상의 물질적 소유와 남녀 간 사랑의 차원은 아무리 높다 할지라도 여기에 비할 수 없이 세속적이다.

학문을 통한 깨달음이 이러할진대 으뜸의 가르침인 종교적 깨달음을 상상할 수 없는 수준의 깨달음일 것이다. 그렇기에 그들은 속세에 대한 인연도 버리고 떠날 수 있는 것이 아닌가?

우주적 차원은 13차원까지 존재한다고 한다. 인간의 영역은 고작 3, 4차원을 왔다 갔다 하는 정도이기에 깨달음을 얻는 정신적인 차원을 이해하는 일은 힘이 든다.

자신의 일로 행복하고 싶다면 자신이 평생 연구하고 헌신할 일이 필요하다. 그러기 위해서는 마음의 소리에 집중해서 자신의 일을 찾아야 하고 하루 세 시간 이상 그 일에 집중하는 좋은 습관을 길러야 한다. 일찍이 2300년 전 아리스토텔레스는 습관에 관한 명언을 남긴 바 있다. "사람은 반복적으로 행하는 것에 따라 판명된 존재다. 따라서 우수성이란 단일 행동이 아니라 바로 습관이다."

행복하고 성공한 사람들의 특징은 세 가지이다. 첫째, 자신이 평생 동안 몰입하고 헌신해야 할 일을 발견한 사람들이다. 두 번째는 자신의 삶 속의 교훈들을 일 속에 반영시킨 사람들이었다. 간디는 아프리카로 가는 기차 안에서 영국인들의 좌석 배치에 분개해서 그 일을 그의 비폭력 저항운동에 반영시켰다. 그날의 영국인들로부터 받은 비인간적인 대우에 대해 분노했고 그 분노를 거룩한 저항의식으로 발전시켰다. 그는 개인적인 복수를 하지 않았다. 그는 스토커가 되지 않았다. 그는 다만 사회의 규칙을 지키며 영국인들보다 차원 높은 정신적 저항을 통해 인도인들이 스스로 하나 되게 하였다. 간디의 저항은 "거룩한 분노"였다.

세 번째는 행복한 사람들은 패배를 해도 포기를 선택하는 것이 아니고 기회로 전환한 사람들이다. 행복한 사람들은 인생의 실패를 보통사람보다 더 많이 경험하기도 한다. 이들은 실패회피 동기보다는 도전의식에 의해 성공접근 동기를 가지고 있기에 더 많이 시도한다고 볼 수 있다. 그러나 그들은 오뚝이처럼 잘 일어난다. 그리고 할 수 있는 방법을 더 한 가지 알게 되었다고 낙관한다. 토마스 에디슨이 전구를 발명한 것은 2,000번의 실패 후 2,001번째 성공했다고 한다. 인류의 진보와 위대한 결과물은 포기를 몰랐던 인내심의 문화유전자를 가지고 있는 사람들에 의해 이루어진 노력의 결과이다.

09

릴케와 톨스토이의 공통점

인간의 정서는 심리학적으로 보면 6가지로 분류할 수 있다. 일차 정서, 감각적 자극에 대한 정서, 자기평가 정서, 타인과 관련된 정서, 감상의 정서, 비애의 정서 등이다.

일차 정서는 긴장수준이 높은 정서로 분노, 공포, 슬픔, 기쁨이 있다. 감각적 정서는 감각과 관련된 정서로 좋은 자극에는 접근하고 나쁜 자극에는 회피하게 되는 정서이다. 자기평가 정서는 자신의 행동이나 노력의 결과에 스스로 점수를 주며 느끼는 정서로 자존개념과 연결되어 있다. 타인과 관련된 정서에는 사랑과 증오가 있다. 감상의 정서는 일반화된 미적 감정을 나타내는 것으로 미술이나 문화 자연물을 보면서 느끼는 미적 아름다움을 느끼는 정서를 의미한다.

마지막으로 비애의 정서는 자신에 대한 슬픔과 타인에 대한 슬픔이 있는데, 여기에서 타인에 대한 비애를 느낄 때 이타행동을 더 많이 하게 된다. 심리학자에 의하면 '삶의 덧없음'을 인식하고 '인간은 모두 측은하다'는 비애의 정서를 소유하고 있는 사람들은 이타행동을 더욱 촉진하여 불쌍한 사람들을 더 도울 수 있는 실천으로 이어진다고 한다.

　특히 작가들이 글을 쓰기 위해서는 인간과 세계에 대한 경험과 공감이 필요하다. 공감능력에는 인간의 운명에 대한 비애를 통찰하고 있었으리라 짐작된다. 릴케는 프랑스에서 생활할 때 공원이나 거리를 산책하며 글감을 얻거나 사색을 하였다. 어느 날 릴케는 공원에서 노숙하는 거지할머니를 만나게 된다. 다른 산책자들은 그 노숙자 거지할머니를 그냥 지나쳤으나 릴케의 여린 가슴은 그렇게 할 수가 없었다. 릴케에게는 돈이 없었다. 다만 그의 손에 있는 것은 눈부시게 아름답고 선명한 새빨간 장미 한 송이가 있었다. 릴케는 자기 방에 장식할 요량이었거나 애인에게 선물할 귀중한 꽃이었다. 그러나 릴케에게 노숙자 거지할머니는 구해야 할 거룩한 동족으로 보였다. 그에게 지금 여기에서 가장 중요한 마음으로 도와주고 싶은 사람은 바로 노숙자 할머니! 그녀였다. 그는 사랑하는 어머니를 대하는 것처럼 두 손으로는 정성을 가득 담고, 마음으로는 사랑을 담뿍 담아, 눈으로는 연민의 정을 내뿜으면서 그 꽃을 바쳤다. 노숙자 할머니는 살아오면서 이처럼 사랑과 마음을 다한 선물을 받아본 적이 없었다. 노숙자 할머니는 릴케로부터 감동을 받은 나머지 일어나서 릴케의 손에 자신의 간절한 마음을 담아 입맞춤을 하였다. 그들은 이해타산의 관계가 아닌 꽃으로서 인간 대 인간으로서 만나고 서로의 마음을 나누었던 것이다. 노숙자 할머니는 꽃을 가지고 거리로 돌아가 3일 동안을 정신적 충만감으로 먹지 않아도 배불렀을 것이다. 그 후 릴케는 산책길에서 3일 동안이나 노숙자 할머니를 만날 수 없었다. 그녀는 삶의 의미인 인간에 대한 사랑과 존중을 충족시켜준 릴케를 잊지 못했을 것이다. 우리에게는 빵이 전부가 아니다. 우리에게는 빵도 필요하고 꽃도 필요하다. 릴케가 노숙자 할머니를 대한 태도는 미적 아름다움을 자극시켜 감상의 정서와 비애의 정서를 공감해줄 수 있는 의미를 만들었기 때문이다.

러시아의 대문호 톨스토이도 이와 비슷한 일화가 있다. 길을 가다가 남자 거지가 구걸을 하자 톨스토이는 이렇게 말한다. "오, 형제여! 내게 돈이 있었더라면 그대에게 주었을 텐테……." 그러자 남자 거지는 환하게 미소 지으며 말한다. "당신은 내가 바라던 것보다 더 귀중한 것을 주었습니다." 톨스토이는 의아해서 그것이 무엇이냐고 물었다. 그러자 남자 거지는 이렇게 말했다. "당신은 거지인 저를 형제여!라고 불러주셨습니다." 거지의 정체성이 뒤바뀌는 찰나이다. 의미 있는 타인이었고 사회적 존경인물이었던 톨스토이로 인해 거지는 톨스토이와 같이 생각하고 느낄 수 있는 인간으로 한 차원 올라왔던 것이다.

톨스토이와 릴케의 공통점은 바로 이 점이다. 인류에 대한 참을 수 없는 연민과 사랑이 그들의 문학에 토대로 있는 핵심정서이자 그들을 움직이게 만드는 동인이었다. 그들은 지적, 정서적으로 예민하였기에 작은 떨림이나 아픔에도 그들과 같이 고통을 느꼈고 흔들렸다. 다만 흔들림으로 무너지지 않았고 흔들림을 승화하여 문학작품을 남겼다. 이들은 자아 분화와 통합을 삶 속에서 조화시켰다.

10
칭기즈칸의 매

우리는 무엇을 배우고자 할 때 선진국이나 문명국의 유명한 사람을 떠올려 그의 본받을 점을 롤 모델로 삼기도 한다. 그러나 항상 배우고자 하는 사람은 적에게도 배우는 것은 매우 합당하고 옳은 일이라고 생각한다. 세 사람이 길을 갈 때도 그중 한 사람이 스승이 되어 가르침을 주기도 한다. 어떠한 사람에게도 우리는 배울 것이 있다. 어떤 이가 단점을 드러내도 최소한 그 행동을 보고 '나는 그러하면 안 되겠다'라고 생각했다면 그로부터 우리는 교훈을 얻은 것이 아닌가? 그러니 약한 사람, 부족한 사람들에게도 우리는 배울 수 있는 것이다. 칭기즈칸은 이중적인 인물이다. 역사는 인간의 양면성을 극렬하게 보여주기도 한다. 혹자는 칭기즈칸은 위대한 인물이었다고 하기도 하고 혹자는 잔인함의 대명사였다고도 한다. 자신에게 순종하는 사람에게는 관대하게 대했지만, 자신의 생각에 동조하지 않는 사람에 대해서는 잔인하게 처벌했던 것으로 유명하다. 어쨌든 그래도 좋은 면을 생각하자면 아무것도 없는 상태에서 자신감과 리더십으로 그 많은 땅을 정복했다는 것이다. 그는 불가능을 가능으로 실천했다. 특히 그는 없는 쪽보다는 있는 것에서 문제해결을 하는 사고방식이 뛰어났다. 아버지가 돌아가시고, 부족으로부터 버림받아 어머니와 동생들과 아무것도 없는 상태에서 살아남아야 했을 때 그는 초원에서 들쥐를 잡아먹고 살았다. 대단하지 않은가? 예전에 그의 아버지는 부족의 족장이었고, 그래서 그는 왕자와 같은 음식과 대접을 받았을 터인데 그는 예전의 먹던 것과는 비교도 할 수 없는 들쥐를 먹는다. 먹을 것이 절대적으로 부족했던 터에 배다른 동생이 규칙을 어기고 가족들의 공동음식에 여러 차례 손을 대자, 분노해서 때리게 되는데 이때 동생이 죽는다. 그는 비록 배다른 동생이지만, 어머니의 눈물을 보고 그 상황을 머릿속에 새긴다. 리더자가 되기 위해서는 법의 준수와 엄격함도 중요하지만 사랑과 용서, 배려의 중요함을 깨닫게 된다. 그는 젊었을 때는 좀 다혈질이었다. 특히 분노해서 자신의 신체의 힘을 조절하지 못한 오류를 여러 번 남겼다. 그가 급하게 노하는 성격을 고치는 계기가 된 일화가 있다.

나라를 세운 지 얼마 안 되었을 때 그는 자신이 기르던 매우 사랑하고 아끼던 매를 데리고 사냥을 떠났다. 매가 공중에서 사슴이나 작은 토끼를 보게 되면 순식간에 땅으로 내려와 먹잇감을 덮치는 것이었다. 그러나 그날은 어찌되었는지 사냥감이 한 마리도 없었다. 설상가상으로 칭기즈칸은 일행들과도 멀어지게 되었다. 칭기즈칸의 수하들은 지름길을 찾아 왕궁으로 돌아간 듯했다. 칭기즈칸은 두 산 사이의 계곡을 지나는 더 먼 협곡으로 들어가게 되었다. 그는 하루 종일 물 한 모금 마시지 못해 탈진상태에 처하게 되었다. "아, 물 한 모금 마실 수 있다면 얼마나 좋을까?" 이런 생각에 잠겼을 때 자신의 손목에 있던 매가 하늘 높이 날아갔다. 아마도 왕궁으로 가는 길을 찾고 있을 것이다. 그때 마침 왕의 귀에 '졸졸졸' 물소리가 희미하게 들려왔다. 왕은 기쁜 마음으로 그 소리 나는 쪽으로 말에서 내려 걸어갔다. 마침내 바위에서 조금씩 떨어지는 물을 발견하고 탄성을 질렀다. 그는 사냥주머니에서 은컵을 꺼내 한참동안이나 물을 받은 후 마시려고 했다. 그때 하늘에서 윙윙거리는 소리가 나서 올려보다가 물이 쏟아져 버리고 말았다. 화가 난 왕은 다시 위를 올려다보았다. 윙윙거린 주인공은 다름 아닌 자신이 애지중지 아끼던 매였다. 그는 화가 났지만 공중에 있는 매를 어쩔 수 없었다. 그는 다시 은컵에 물을 받았다. 그가 마시려고 하자 매는 다시 은컵을 부리로 쳐서 은컵은 멀리 날아가고 물은 땅으로 쏟아지게 했다. 이와 같은 일이 세 번이나 반복되었고 네 번째는 자신의 칼로 매를 베어 버렸다. 어쨌든 칭기즈칸은 물을 먹으려고 바위 쪽으로 날아간 은컵을 찾으려고 바위 위로 올라갔다. 바위 위쪽으로 올라가 보내 샘이 있었는데 샘 안에는 독뱀이 죽어 있지 않은가? 칭기즈칸은 놀랐다. 자신이 그토록 아끼던 매가 주인을 위해 독사의 주검이 있는 물, 즉 독사의 독을 먹지 못하게 주의를 끈 것이었다. 칭기즈칸은 어리석게도 매의 행동을 이해하지 못하고 칼로 죽인 것이었다. 그는 타는 듯한 갈증에도 불구하고 자신의 발 아래 누워 있는 매를 쳐다보았다. 그리고 가엾은 매를 가만히 집어 올려서 사냥주머니에 넣었다. 그는 왕궁으로 돌아오는 길에 중요한 교훈을 배웠다. "나는 오늘 분노로 인해 어리석은 결정을 하였고 화가 날 때는 어떤 결정도 해서는 안 된다는 슬픈 사실을 알게 되었다." 그 후로 칭기즈칸에게 분노로 일을 망치는 일은 없게 되었다.

11

가족의 두 얼굴

부모는 생물학적인 부모와 사회학적 부모가 있다. 나를 낳아준 부모가 두 역할을 다 잘하면 금상첨화지만 그렇지 못한 경우도 많다. 생물학적인 부모의 역할은 먹이고 입히고 재우고 말 그대로 아이의 의식주를 편안하게 제공해주는 것이다. 물론 이것도 매우 중요하다. 그리고 인간은 사회적 동물이다. 아이가 사회화를 통해 한 인간으로서 능력을 발휘하여 사회에 성공적인 적응을 돕는 것의 출발점은 바로 자녀의 강점을 개발시켜주는 일인 것이다. 가장 먼저는 아이의 다중지능 중 무엇이 강점인지를 파악하고, 아이가 흥미 있어 하는 과목이나 취미를 눈여겨보면 답이 보이고 문제해결이 가까워지게 된다. 먼저 부모는 자녀에게 관심을 갖는 것도 중요하지만 자녀의 취미와 원하는 전공이 무엇인지를 생각해보라. 인간은 자신이 성숙해지는 만큼 타인을 바라보는 관점도 커지게 마련이다. 그래서 자신을 이해하고, 수용하고, 좋아하고, 사랑하는 만큼 자식도 이해하고, 수용하고, 좋아하고, 사랑할 수 있게 되는 것이다.

　그런데 부모들은 자녀들에게 자신이 성취하지 못한 꿈을 대리 성취하게 하거나, 가문의 영광을 위한 직업을 선택하게 하기도 한다. 그래서 어머니나 아버지의 서로 다른 메시지로 자녀가 고통받기도 하고 어머니 혼자 시간을 두고 이중메시지를 던지기도 한다. 이럴 때 어린 자녀는 이중 메시지로부터 심리적 고통을 당하게 되고 그것이 신경증이나 정신병을 유발하는 주요원인으로 작용한다. 이를테면 저녁에 이를 닦은 후 사탕이나 과자를 먹을 경우 엄격한 어머니는 이를 닦았어도 과자를 먹었으므로 다시 닦으라고 한다. 그럴 때 아버지는 친절하게 나서면서 어머니의 말을 가로막는다. "하루 안 닦는다고 어떻게 되나? 괜찮아 그냥 자라." 이럴 때 아이들에게 아버지는 친절하고 관대한 아버지로 비춰지고 단기적으로 인기는 있을 수 있으나 교육의 장기적 효과에서는 굉장한 '후유증'을 남기는 태도이다. 자녀교육이 실패하는 주요원인은 엄마 따로 아빠 따로의 이중메시지 때문이다.

　성장한 자녀가 철이 들기 전 자신의 부모를 될 수 있는 한 멀리하려는 이유도 이중메시지 때문이다. 필자의 친정어머니도 이중메시지를 보낼 때도 있다. 하루는 외부강의로 남편이 도우미로 동행하였다. 부득이하게도 두 아이를 친정에 맡겼다. 친정어머니의 말은 강의할 때 언제든 맡기라고 하셨기 때문이다. 대학원생들이 너무 열렬히 환영해주다 보니 강의시간이 오버됐다. 부랴부랴 짐 챙겨서 친정집에 돌아오니 9시 반 정도였다. 어머니와 약속한 시간은 약속보다 무려 한 시간이나 넘은 시각이었다. 어머니는 눈도 안 마주치시고 말 한마디 안 하셨다. 피곤해서 그러시는 것이다. 마음은 봐주고 싶은데, 몸이 안 따라주니 이중메시지가 나오는 것이다. 첫아이를 낳고 친정에서 몸조리를 하는데 어머니가 동생에게 난방비를 걱정하셨다고 한다. 나는 그 이야기를 듣고 저녁에 집으로 돌아왔다. 그때는 어렸기에 어머니의 이중메시지를 이해할 수 없었고, 심지어는 분하고 슬프기까지 했다. 걱정 말고 몸조리하라고 할 때는 언제고 이제는 난방비 걱정을 하니 어떤 것이 진짜 어머니의 마음인 줄 몰랐다. 그리고 일관성 없는 어머니의 행동과 말로 인해 '가슴앓이'를 해야만 했다.

이제는 어머니의 이중메시지를 이해한다. 딸의 몸조리를 해주고 싶은 것이 어머니의 진짜 마음이고, 현실 때문에 난방비 걱정하는 어머니 마음은 약한 마음이라고 해석할 수 있다. 손주를 봐주고 싶은 마음이 진심이고, 너무 힘들어서 눈빛과 말이 없는 것은 어머니의 약한 부분이라고 이해해드릴 수 있다. 어머니의 약한 부분, 부족한 부분은 비판과 멀어짐의 이유가 아니라 덮어드리고 함께 해결해야 할 '작은 문제'이다.

가족의 두 얼굴 때문에 고통받는 사람이 있다면 가족을 멀리하고 떠날 것이 아니라 본인이 성숙하길 바란다. 자신의 사랑으로 그 문제를 덮어주고 포용해주길 바란다. 당신만 부모의 이중메시지로 고통받은 것이 아니다. 그럼에도 불구하고 우리는 부모님의 단점까지도 사랑할 수 있으리라 기대하면서……

12
긍정적인 인간관 신봉하기

　인간에 대해 언제든 변화할 수 있는 존재로 보는가? 아니면 변화할 수 없는 존재로 보는가? 인간은 느끼고 생각할 수 있기에 언제든지 성자로 변화할 수 있다. 언제든 "깨달음"을 얻을 수 있다면 개과천선이 가능하다. 그러나 개과천선이 인구비례로 그렇게 자주 일어나는 사건이라고 볼 수는 없다. 아주 드물지만 그렇다고 전적으로 불가능한 것도 아니다. 범죄의 길을 걸어가고 있을 때 우연히 들은 노래가 자신의 영혼에 울림을 주어서 범죄의 길에서 돌아서서 바른 길로 가는 사람도 있다.

　필자가 감명 깊게 읽었던 빅터 프랭클의 '죽음의 수용소에서'라는 글을 읽으면 개과천선한 한 인간의 행로가 자세히 기록되어 있다. 빅터 프랭클은 이 특이한 인물을 통해 아주 서서히 변화하고 시간이 더디지만, 인간성의 진화를 믿게 된다. 인간의 변화무쌍함에 대해 깊이 느끼게 되는 계기가 된다. 개과천선한 사람은 독일의 나치의 정치사상에 전적으로 동조하는 기계적이고 인간미 없는 의사였다. 그 의사는 다윈의 진화론에 입각한 사상으로 똑똑하고 진화된 게르만 민족이 더럽고 부족한 유대인을 실험대상으로 삼아도 된다고 생각하는 사람이었다. 그는 유대인들을 잔인하고 혹독하게 대하였다. 그의 존재이유는 유대인을 괴롭히고 학대하는 일에서 찾는 듯했다. 그러나 나치는 연합군의 승리로 멸망의 길을 걷게 되고 그 잔인한 의사는 러시아에 포로로 억류되었다. 그는 거의 죽을 무렵 타인에 대한 공감능력을 인식하게 되었다고 한다. 같이 있었던 어떤 사람의 증언에 따르면 그처럼 인격이 고매하고 이타적인 의사는 처음이었다고 빅터 프랭클에게 이야기한다. 그 의사는 '삶의 덧없음'을 깨닫고 생각수준이 바뀌었다. 인간은 꼭 성공을 통해서만 인격의 완성으로 나아가는 것은 아니다. 삶의 실패를 통해서도 인격의 완성으로 나아갈 수도 있는 것이다. 물론 되도록 젊어서 깨달을수록 이타적인 삶을 살 수 있을 것이다.

개과천선의 예를 성경에서 들자면 삭개오의 삶을 들 수가 있다. 그는 유대인으로서 당시의 로마의 세리였다. 그 당시 세리의 권세는 대단했다. 세리들은 동족의 편에 같이 있지 않고 그들의 지식으로 로마인과 한편이 되어 동족의 고혈을 짜내어 자신의 의식주를 풍성하게 채웠다. 그런 삭개오였지만 언제나 동족의 왕따로 심리적 고통을 당하였다.

예수님은 선지자를 보고 싶어 하는 순수한 의도를 가진 삭개오의 의중을 알고 있었다. 삭개오는 예수님이 너무 보고 싶어 작은 키로는 도저히 볼 수가 없어 세리라는 사회적 체면도 버리고 작은 키와 몸짓으로 뽕나무에 오른다. 예수님은 그런 삭개오의 간절한 마음과 행동을 읽었다. "삭개오야, 내려오라 내 오늘 너의 집에 유하겠다." 삭개오는 너무나 감사하고 기뻤다. 그는 지금까지 자신의 잘못된 점을 예수님께 고백하고 회개한다. 그리고 자신의 소유한 것의 절반을 가난한 자들에게 주겠으며 토색한 것을 네 배나 갚겠다고 하였다. 반성과 회개를 통해서 잘못된 것을 고친 실천이 있었다.

인간의 긍정성을 신봉한다는 것은 무엇인가? 인간은 연약한 갈대이지만, 생각하는 갈대로서 서 있는 실존적인 존재이다. 반성적인 사고를 할 수 있는 유일무이한 존재이다. 실패하지만 실패가 포기나 관성에 의해 잘못을 반복하는 것이 아니라 자신이 빠진 맨홀에 다시 빠지지 않기 위해서 반성적인 평가를 스스로에게 할 수 있는 위대한 존재이다. 다른 사람들이 할 수 있다면 나도 할 수 있다는 각오만 있다면 언제든 변화할 수 있는 긍정적인 존재이다.

과거의 실수와 패배를 교훈 삼을 수만 있다면 인간은 자신이 달리고 있는 숙명이라는 기관 열차의 행로를 바꿀 수 있다. 인생은 마음먹기에 따라 목적지가 달라질 수 있다.

13
아버지가 주신 것

필자가 일곱 살 때 아버지는 5일마다 열리는 장터에서 '선녀와 나무꾼'을 사주셨다. 그리고 항상 다른 사람에게 묻지도 않았는데 "우리 종순이는 참 잘생겼지요. 백일도 못 되었을 때 애 엄마가 앉고 시내에 갈 때 배를 타고 가면 사람들이 그놈 참 잘 생겼다며 서로 안아 주었지요."라고 말씀하곤 하였다. 새삼 나는 마흔이 넘어 아버지를 기억하고자 하는 것일까? 아버지처럼 되기 싫어서 부단히도 노력한 삶이건만 아버지처럼도 살아가지 못해 아버지가 그립고 이 세상 내 편이 되어줄 만한 단 한 사람도 없어 눈물이 나올 것만 같은 날이면 아버지가 주었던 어린 시절의 편린들을 주워 모아 나만의 '안전기지'를 구축한다. 왠지 내 편이 되어줄 것 같은 아버지! 잘잘못에 상관없이 어깨를 두드려주실 것 같은 아버지! 나에게는 아버지가 아니 계신다. 그렇기에 아버지 같은 남편을 그토록 찾아 헤매었다. 그리고 나의 남편 또한 모성 결핍이 있어 내가 감싸주어야 하는 사람이다. 인생의 역설과 아이러니가 아닐 수 없다.

아버지가 선녀와 나무꾼을 사주신 이유는 무엇일까? '선녀와 나무꾼' 덕에 나는 책과 친해질 수 있었고 평생 독서 습관을 가질 수 있었다. 그 당시에 아버지가 선물한 선녀와 나무꾼을 매일매일 외울 정도로 보았다. 선녀와 나무꾼 그림을 너무 좋아해서 따라 그린 후 오려서 인형놀이를 했다. 그리고 상상의 나래를 펴서 선녀 옷을 새롭게 디자인하여 입히기도 하였다. 어떤 날은 미농지로 베껴 그리기도 하면서 놀았다. 그리고 동생들에게 동화구연을 해주었다. 할머니도 구전을 좋아하시는지라 나의 동화구연은 더욱 진지해졌다. 그리고 결말이 행복하게 끝났으면 너무 좋겠다는 생각으로 내가 만일 작가라면 결론을 어떻게 내릴까 하는 생각까지 더하였다. 무지 어려운 동화였다면 나는 이렇게 독서 습관을 갖지 못했을 것이다. 나는 선녀와 나무꾼을 통해 책의 가치와 즐거움, 의미를 질적으로 경험한 사례이다. 그 후로 나는 독서광이 되었다. 역사에 관심을 갖게 될 때쯤 초등학교 5학년 때 아버지는 만화로 된 우리나라 역사전집을 사주셨다. 아버지의 배움에 대한 끝없는 갈증이 자식들에게 전해졌다. 우리 삼남매는 역사를 너무너무 좋아했다. 중학생이 되었을 때 서류가방 같았던 '중학생 가방'을 아버지가 사러 가자고 하셨다. 어린 마음에 나는 안목 있는 고운 어머니와 가고 싶었다. 그래도 오랜만에 아버지가 가자고 하니 거절하지 못했다. 아버지와 나는 중앙시장까지 걸어갔다. 아버지는 가는 길에 간식을 사주시지 않았다. 그것이 못내 서운했지만 아버지와 가방을 사가지고 왔다. 나는 그 중학생 가방을 두 번이나 들고 다녔을까 말까? 너~무 촌스러워서 내가 들고 다닐 수가 없었다. 그런 가방은 정말 1950년대에 들었을 것 같은 가방이었다. 아버지가 중학교 다닐 때 들고 싶었던 가방이었을 것이다. 나는 어머니에게 졸라서 다른 가방을 샀다. 아버지가 서운해하였을 것이다.

그 후에도 아버지는 필자의 신체적 자존감을 높여주시는 말을 거듭거듭 말해주셨다. 여자들에게는 잘 쓰지 않는 말! "잘생겼다"라는 말을 하시며 자신을 쏙 빼닮은 딸이 '인물값' 해주시기를 바라셨다. 물론 순전히 아버지의 주관성이 개입된 말씀이었다.

여자아이에게서 아버지의 인정은 사회적 자신감에 기초가 된다. 그런 의미에서 아버지는 정말 값진 유산을 주신 것이다. 신체적 자존감을 세워주셨기에 까만 피부인데도 나는 언제나 자신감이 넘쳐흘렀다. 아버지는 한 번도 피부가 희었으면 좋겠다고 하신 적이 없으셨다. 오히려 버릇이 없거나, 예의를 지키지 않을 때는 따끔하게 체벌도 하셨지만, 생긴 것, 고칠 수 없는 것에 대해서는 언제나 긍정적인 기준을 가지고 말씀해주셨다. 학교에 들어가서 선생님과 친구들로부터 '시커먼스 3호'라는 별명을 들을 때도 주눅 들지 않은 이유는 아버지의 말씀이 귀에 생생하게 들렸기 때문이다. "우리 종순이는 잘생겼어요." 특히 한잔하셨을 때면 그 이야기를 더 많이 반복하셨다. 아버지의 딸을 향한 최고의 칭찬이었다. 이제는 그 누구도 나에게 그런 말을 해주지 않지만 아버지의 음성을 마음속 깊은 곳 추억의 우물에서 끌어올릴 수 있다.

가끔 외롭고 쓸쓸한 날이면 아버지의 목소리를 떠올린다. 웃으면서 하던 말씀 언제나 딸을 긍정하던 그 목소리 그 모습이 눈에 선하다. 우리 아버지는 '딸 바보'이었다. 딸의 신체적 자존감을 키워주었고, 책과 친해질 수 있는 질적인 경험을 쌓게 해주었고, 변화할 수

있는 것과 없는 것에 대해 기준을 잡아주고, 변화할 수 없는 것에
대해서는 열등감이 아니라 자신감을 가질 수 있게 해준 분이기에
그분을 떠올리면 행복해진다.

14

고등정신능력과 하등정신능력

    피아제는 인간의 정신능력에 대해 4단계로 나누고 있다. 처음 태어났을 때부터 단계적으로 발달한다고 보고 있다. 감각운동기, 전조작기, 구체적 조작기, 형식적 조작기로 나누고 있다. 이와 비슷한 입장에서 러시아의 심리학자였던 비고츠키도 인간정신능력을 두 가지로 정의하고 있다. 두 이론을 볼 때 한 인간의 진화는 내부적인 일이다. 인간혁명은 내적이고 질적이고 의미 있는 변화를 말한다. 그것은 외부적으로 가져다줄 수 없는 인간내적인 정신 고유의 질적 작용인 것이다. 하등정신기능은 고등동물과 인간 모두가 가지고 있는 것으로 주로 자발적 노력 없이 시간과 더불어 습득되는 성숙으로서 감각, 반응적 주의집중, 자발적 기억, 감각동작 지능이 여기에 해당된다. 고등정신기능은 '숙고되고, 매개되고, 내면화된' 행동들로서 이때 인간의 사고는 다른 동물과는 질적으로 다르게 된다. 고등정신기능은 매개된 지각, 의도적 주의집중, 의도적 기억, 논리적 사고 등을 포함한다. 그렇다면 인간만이 가질 수 있는 고등정신기능은 어떻게 발달하는가? 고등정신능력은 하등정신기능에 의존하며 문화적 맥락에 의해 결정된다. 공유된 기능에서 개별적 기능으로 발달하고 도구의 내면화를 포함한다. 고등정신기능들은 학습을 통해 일련의 인지과정들을 거치면서 발달하게 되는 것이다. 정신의 카오스에서 질서를 구현하고 집중하는 정신적 성숙은 학습을 통해서 가능하다. 학습은 정신적 발달을 이끌어내는 중요한 활동이다. 그래서 인간은 평생 공부해야 하는 존재이다.

정신의 성숙은 오랜 시간에 걸쳐서 서서히 누적적으로 진행된다. 그런데도 우리는 늘 노력 없는 운이나 요행을 꿈꾼다. 노력하지 않은 좋은 결과나 운적 요소에 자신의 인생을 맡기길 좋아한다. 운명이란 없다. 모두 자기가 선택한 결과일 뿐이며, 스스로 노력하는 자에게 기회는 열린다. 하늘은 스스로 돕는 자를 돕는다는 참 속담이 있는 것처럼…….

하등정신능력은 별 노력 없이도 이루어질 수 있으나 이것을 사용하여 무엇을 감상할 수준이 되려면 심사숙고해서 보고 매개된 지각을 사용하여야 가능하다. 오랫동안 집중해서 관찰하거나 숙련된 보기가 없을 때는 자연물이든 인공적인 예술품이든 그것의 가치를 인식하기 힘들다. 작가나 평론가들은 사색의 대가들이다. 사물과 작품을 관찰할 때는 고도의 집중력을 발휘하는 관찰이 필수적인 것이다. 반응적 주의 집중은 오래가지 못한다. 그보다 더 아름답거나 더 강도가 센 자극에 의해 집중이 분산된다. 작가나 예술가들은 감각이 살아 있다. 그렇다고 이것저것을 기웃거리지 않는다. 작품의 주제가 정해지면 더 이상 반응적 주의집중의 차원에 의존하지 않고 매개된 지각을 사용하여 주인공을 의미화하고 의도적 주의집중을 하게 된다. 참다운 작가나 예술가에게 있어 감각적 주의집중을 끄는 대상이 있을 때 그것은 자신의 시점이 중요하다. 처음 대상이 중요하고 내게 다가오는 의미는 깊어간다. 처음 대상의 감동만큼 크지 않기도 하겠지만 내게 의미를 주던 장미 잎이 부족함이 발견되었다 할지라도 그들은 다른 대상을 찾지 않는다. 대신 그들은 부족한 장미를 특별하게 의미화한다. 작가와 예술가들은 감각적 주의집중을 갖게 했던 첫 기억을 잊지 못해 그 대상에 대해 의도적 주의집중, 즉 헌신을 다한다.

긍정적인 사람들은 마치 참다운 작가와 예술가의 눈을 가졌다. 그들은 상대를 바꾸려 하지 않는다. 대신 그들은 자신들의 마음의 눈을 성장시킨다. 대상을 바꿔버린다는 것은 하수들이다. 마음의 눈을 바꾸면 대상도 아름다워진다. 청년이 아름다운 것은 그들 속에 완성을 잉태해서가 아닌가? 소녀가 아름다운 것도 마찬가지이다. 현실이 어둡고 칙칙하다면 대상을 향하던 눈을 나의 성숙으로 바꾸면 어떨까? 마음이 아름다우면 모든 것이 아름답게 보인다.

대상에 대한 의도적 주의집중과 의도적 헌신이야말로 행복의 열쇠이다. 물론 정도를 지키면서……

15
해석이 중요해

삼년고개의 스토리는 코믹하다. 할아버지는 장에 가서 손주들 주려고 엿을 몇 가락 사가지고 오신다. 오랜만에 장에 가셨다가 친한 친구를 만나 술 한 잔 하고 온다. 다리에 중심을 못 잡는 순간 삼년고개에서 넘어진다. 집에 돌아온 할아버지는 귀여운 손자에게 엿을 주면서 그 귀여운 손자얼굴을 삼 년밖에 못 볼 생각을 하니 눈물이 앞을 가린다. 하여 할아버지는 그날로 식음을 전패하고 앓아눕는다. 할머니는 할아버지를 닦달해서 그 이유를 듣고 말없이 옷고름으로 참았던 눈물을 훔친다. 할아버지가 사온 달콤한 엿을 신나게 먹던 손자는 할아버지의 울먹이는 말을 문 밖에서 듣게 된다. 개구쟁이 손자는 문제의 심각성을 아는지 모르는지 밖에 나가서 이 사람 저 사람에게 떠들고 다닌다. 마침 과거를 보러가던 지혜로운 선비는 이런 이야기를 듣고 저녁도 해결할 겸 손자의 집으로 들어선다. 지혜로운 선비는 우선 할머니에게 자초지종을 설명하고 거나하게 저녁상을 얻어먹는다. 선비는 할아버지의 근심걱정을 한 방에 해결한 비법을 설명한다. 반신반의하던 할아버지는 선비의 말대로 삼년고개에서 수없이 구르고 구른다. 이후의 선비의 행동은 걸작이다. 큰 나무 뒤에서 산신령의 목소리로 가장하여 할아버지에게 말한다. "걱정하지 말거라. 너는 100살까지 장수할 것이다." 선비는 굵직한 바리톤 목소리로 카리스마 있는 산신령의 목소리를 모사한다. 선비는 매일 먹고 한 일이 글 읽기였다. 그러니 목소리의 카리스마와 내공이 장난이 아니다. 할아버지는 선비의 산신령 목소리 모사에 깜빡하고 속아 거듭거듭 머리를 조아리며 절을 한다.

똥 떡도 비슷한 스토리로 구성되어 있다. 우리 조상들은 오래된 화장실에 빠진 아이에게 면박을 주거나 실수를 지적하는 것이 아니라 그 실수를 통해 먹거리가 부족했던 이웃에게 떡을 준다는 것이다.

화장실에는 성질이 고약한 각시귀신이 살고 있는데 각시귀신이 성이 나면 아이를 화장실에 빠지게 한다는 것이다. 당신의 화장실은 뒷간이라고 표현되었는데, 뒷간에 빠진 아이는 놀란 가슴을 진정시키는 일이 우선이다. 인자한 어머니는 아이를 목욕시키고 마음을 진정시킨다. 냄새를 환기시키고 마음을 진정시키기 위해 물과 어머니의 사랑이 가득 담긴 스킨십을 받은 아이는 놀라움에서 진정된다. 그 사이 할머니는 '똥 떡'의 준비물을 급하게 준비하고 있다. 급하게 만들어진 떡을 가지고 동네를 한 바퀴 돌게 한다. 그것도 그냥 도는 것이 아니고 '똥 떡'이라고 외치면서 다니게 한다. 할머니와 어머니는 아이의 마음을 진정시켜준 후 맛있는 간식을 만들어주고, 그것을 이웃과 나누게 한다. 동네를 신나게 뛰어다니면서 아이는 화장실에 빠졌던 기억을 잊어버리고 '주위환기'를 통해 기분전환을 하게 된다.

이제 아이는 안 좋았던 기억은 훌훌 털어버리고 새 출발의 에너지를 충전받는 것이다.

　우리 조상들의 이야기는 참으로 신선하다. 우리 조상들의 이야기에는 지혜롭고 상상이 샘솟아나는 것이다. 그것은 구전과 전설의 고향 형태로 회자되면서 사람들에게 긍정적인 재해석을 통해 삶이 다시 시작되도록 도와준다. 특히 삼년고개와 똥 떡은 시사하는 바가 매우 크다. 긍정심리에서 중요한 긍정적으로 해석해내는 힘은 인내심과 소망을 준다. 사람들은 때로 안 좋은 일을 만난다. 이때 마음이 약하면 외상 후 스트레스 장애로 남아서 평생 '트라우마'가 지속될 수도 있다. 그런데 이때 우리 조상들은 긍정적인 재해석을 시도했다. 상황이 중요한 것이 아니라 해석이 더 중요하다. 이런 긍정적인 재해석을 해주는 인물들은 존경받는 선비일 수도 있고, 나이 드신 집안 어른일 수도 있다. 어쩔 수 없이 실수한 것을 마음에 두고 '트라우마'가 되지 않도록 세심하게 배려해주고 긍정적인 재해석을 해준 이들로 인해 이들은 상처와 정신적 고통에서 해방된다.

16
능력은 훈련과 노력에 의해 누적된다

우리는 욕심낸다. 능력도 부와 명예도 하루아침에 뚝딱 도깨비 방망이처럼 어느 날 갑자기 자고 일어나니 유명해져 있더라고요 하는 말을……. 필자도 그 말을 믿었다. 그래서 부모가, 남편이, 스승이 알아서 해주길 원했다. 그러나 인생은 누군가가 대신 살아주고, 누군가가 대신 기회를 열어주는 것이 아니라는 것을 알게 되었다. 그것을 좀 더 일찍 알고 깨달았다면 나름(?) 성공의 시기가 조금 더 일찍 도래하였을 텐데 하는 아쉬움이 남아 있다.

인간의 능력은 시간과 노력이 더해지면서 서서히 진행되기에 진보는 달팽이처럼 지루하고 더디다. 하루에 세 시간씩 매주 21시간, 이렇게 10년을 하면 매직의 시간인 일만 시간이 평범과 비범을 가르는 중요한 기준이요, 준거가 된다.

여덟 가지 지능 중에 선천적으로 타고 나는 지능은 거의 세 가지 뿐이고 나머지는 노력에 의해 서서히 진보하게 된다. 타고나는 지능이란 청음능력(음악지능), 신체운동능력, 공간지능이라고 한다. 나머지 논리수학, 대인관계지능, 자연친화지능, 언어지능, 논리수학지능 등은 훈련과 연습의 산물이라고 해도 과언이 아니다. 지능이라는 것은 유전적인 것과 환경적인 것이 상호작용하는 것이다. 환경적인 것은 자극과 훈련이 함께할 때 성장하기 마련이다. 특히 뇌에 새기는 학습은 반복될 때 내 것이 되는 것이다.

반복과 훈련에 의해 뇌는 단련된다. 어떤 지능이든 일만 시간이 누적되다보면 창의성이 발현되는 것이다. 우리가 언어지능을 높이고 싶다면 어떻게 하면 될까? 언어에 관련된 동서고금의 명문장을 매일 암송하는 것이다. 처음에는 문장을 통제하기가 어렵다. 문장의 내용이 쉽게 인지되거나 이해되지 않는다. 그러나 매일매일 학습하고 일정시간이 지나면 그 문장을 내가 통제하여 이해하기 쉬워질 뿐더러 장기기억에 넘어가 암송도 쉬워지기 마련이다. 이제는 그 문장을 내가 활용해서 다른 글을 쓸 때 적용하거나 응용하는 수준에 이르게 된다. 마지막으로 그 문장이 내 의식과 무의식에도 저장되어 숙달하는 단계에 이르게 된다. 무엇이든 능력의 단계는 4단계를 거쳐 발전한다. 능력이 생기기 전인 통제 전 단계, 능력의 수준이 낮은 상태는 통제하는 상태, 이 상태에서는 굉장한 의식적인 노력이 필요한 상태이다. 세 번째 단계는 능력의 수준이 일정수준에 이르렀으나 의식적으로 각성해야 하는 상태로 활용하는 수준이다. 마지막 네 번째 단계는 능력이 최고수준에 이르러 즐길 수 있는 상태로서 숙달단계이다. 이 단계는 기술의 난이도나 창의성 면에서 최고의 수준으로서 무의식에 새긴 지식으로서 눈감고도 그 기술을 사용할 수 있는 단계이다.

날 때부터 잘하는 일은 본능에 가까운 일이다. 배워서 잘하는 일도 있고, 애써서 얻는 일도 있다. 사람은 타고난 대로 아는 것이 있는가 하면 배워서 안 것도 있고, 애써서야 깨닫게 되는 일도 있는 것이다. 타고난 대로 아는 것은 본능이고, 배워서 아는 것은 학문, 애써서 깨닫게 되는 것은 하늘에서 준 사명이다.

사대 성인이라고 추앙받는 공자는 죽간을 맨 가죽 끈이 세 번이나 끊어지도록 책을 읽었다고 한다. 얼마나 글을 사랑해서 통달하고자 했는지 짐작이 간다. 공자는 또한 스스로 "나만큼 학문을 좋아하는 이는 없을 것이다"라고 했다. 이것이 무엇을 의미하는가?

이 세상에 저절로 잘하는 일은 짐승에 가까운 본능일 것이다. 그 외에 학문은 배워서 훈련으로 이룰 수 있는 길이다. 이 길에서 중요한 것은 이성의 힘을 발휘해서 이해와 통찰을 인식하는 것이다. 배우고 깊이 생각하면 자신이 가장 잘하는 일을 알 수 있게 된다. 자신이 가장 잘할 수 있는 일 중에서 사람을 위해 선을 도모하는 일을 할 수 있는 하늘이 준 사명을 깨닫는 일은 애써서 찾아야 하는 일이다.

17

프로이트가 깨닫지 못한 것

사람에게는 '참 나와 거짓된 나'가 존재한다. 거짓 나는 '몸나'이다. 그리고 참 나는 '얼나'이다. 몸나, 얼나가 있다. 사람에게는 육체, 혼, 영혼이 있는 것이다. 육체의 욕심은 너무 강하다. 육체의 몸나는 이기적이다. 그래서 육체는 진선미대신 탐, 진, 치를 항상 부추긴다. 육체는 욕심과 권력에 대한 싸움, 음행 등을 원한다. 그래서 공자는 군자가 조심해야 하는 일 세 가지를 말하였다. 청년의 때에는 여인을 조심하고, 중년에는 혈기가 왕성해지는 시기이니 싸움을 조심하고, 노년에는 욕심을 삼가야 한다고 하였다.

프로이트는 중세시대에 죄악시했던 것들 중 인간의 원욕이 있음을 세상에 드러내놓은 사람이다. 거듭나지 못한 대다수의 사람들은 원욕의 욕망들을 삶의 힘으로 이용하기도 한다. 그러나 모든 인류가 프로이트가 말했던 원욕의 노예는 아니라는 것이다. 다른 문화유전자를 가진 인류도 있다는 것이다. 인간은 중간자이기에 신의 성품으로 변할 수도 있고 아니면 동물 수준으로 떨어질 수도 있다. 그러나 인간이 고귀한 것은 언제든 변화할 수 있는 성장의 의지를 가진 존재라는 것이다. 모든 인류가 먹을 것, 입을 것, 마실 것만 생각하지는 않는다. 그 외에도 정신적 성장과 영적 깨달음을 얻으려고 세상의 부귀권세를 버린 사람들도 소수이지만 있다.

원욕이라는 것은 만족을 모르는 야수와 같다. 원욕이라는 욕망은 끝이 없다. 인간의 삼독은 원욕으로서 먹고 마시고 축적하는 욕심, 음행, 자신의 영역을 넓히려는 영역권 싸움이다. 동물 수준의 삶인 것이다. 짐승도 자기 자식과, 자신의 짝, 자신의 종족은 위할 줄 안다. 하물며 인간이라는 사람들은 어떤가? 동물과 다른 점이 있다면, 고작 옷을 입고 말을 하는 정도일 뿐 이 동물적 수준에서 벗어난 사람들은 73억 인구 중에 어느 정도나 될까? 인간은 무엇인가? 동물과 다른 정신적 존재들이다.

프로이트가 생각해낸 것은 동물적 수준의 삶에서 보통사람의 동물적 거짓자아인 제나의 영역을 다룬 것이다. 인간은 제나의 거짓 나만 있는 것이 아니다. 인간이 위대한 점은 땅을 보는 짐승의 눈이 아니다. 고개를 들어 영원한 신성과 감추어진 만물 속에 숨겨져 있는 신의 능력을 우러를 수 있는 관점과 시선이 귀한 것이다. 인간은 신을 알아보는 유일한 동물이다. 인간은 과거의 오점을 통해서도 성장할 수 있는 신의 작품인 것이다.

참 나를 발견하는 일은 어렵다. 그것은 애써서 궁구하여야만 가능한 일이다. 정신분석의 입장은 대부분 인간의 과거의 경험에서 해골을 꺼내려고만 한다. 참 나는 정신적인 것, 영적인 것이다. 영인 마음이 잘 되어야 숨을 쉬는 혼과 육체도 건강하다.

프로이트의 정신분석학의 중심에는 인간을 동물 수준으로 보는 관점이 있다. 인간은 동물이 아니다. 인간은 원욕에만 이끌려 다니는 존재가 아니다. 그렇다고 권력에 대한 의지만 있는 것도 아니다. 아들러라는 심리학자는 인간의 권력에 대한 의지를 강조하였지만, 인간은 고개를 들어 하늘이 내려준 사명에 초점을 둘 수 있는 영적 존재들로서, 의미를 추구하는 것이다. 우리는 언젠가 하늘의 무한한 존재인 신 앞에 서게 될 것이다. 그때 과연 어떤 사람이 칭찬받을 것인가? 이 세상은 우리에게 소풍이다. 저 먼 우주에서 영적 차원의 존재들이 거짓 나인 제나의 몸을 빌려 이 초록별 지구에 소풍을 나온 것이다. 소풍기간은 60~100년 남짓한 기간이다. 그 기간에 우리는 과연 무엇을 추구하며 살아온 것인가를 정확히 그분 앞에서 심판받을 것이다.

동물적인 삶에서 벗어나지 못한 제나에 충실한 생을 살 것인가? 아니면 사회적 권력만을 내세울 것인가? 아니면 고차원적으로 우주의 중심에서 정신적 영적 진보와 사명에 관심을 집중시킬 것인가? 이것이 문제이다. 프로이트는 가장 수준이 낮은 짐승의 상태인 제나로서의 삶, 동물적인 탐, 진, 치를 연구하였다. 그러나 그 이상의 수준을 사는 사람에 대한 이해는 부족하였다고 볼 수 있다. 인간은 짐승이 아니다. 인간은 이상을 추구하는 영적 존재들이다.

18
진주는 긍정의 소산이다

내 마음은 바닷가에서 노래하는 무지갯빛 조가비. 여러분은 조가비의 꿈을 아나요? 조가비의 꿈은 아름다운 진주를 잉태하는 것이다. 그런데 조가비라고 다 같은 조가비가 아니라고 한다. 조가비 속에 우연히 모래가 들어오는데 조가비는 모래를 밀어낼 수도 없고 그렇다고 내 살로 만들 수도 없는 진퇴양난의 고통스러운 시간을 보내게 된다. 그렇게 고통에 시간을 보내면서 몇몇의 조가비는 자신의 몸속에서 신비한 물질을 내보내 모래의 표면을 감싸기 시작한다. 얼마의 기간이 지나면 모래와 조가비의 신비한 물질이 혼합되어 전혀 새로운 존재인 영롱한 진주로 변화한다고 한다. 그런데 어떤 조가비는 계속해서 몸속에 들어온 모래를 이물질로 생각하고 밀어내고 거부하게 되는데 이렇게 되면 진주는 생성되지 않고 오히려 조가비가 부패하는 원인이 된다고 한다.

조가비의 진주와 우리 인생의 공통점은 무엇일까? 긴 인생을 항해하다 보면 실패를 반드시 만나게 된다. 실패를 잘 버무리고 잘 사용해서 인생자산으로 사용하면 우리 인생은 발효되기 마련이다. 그렇다. 이 실패를 계속 거부하고 주위를 원망하다보면 자신이 그 속에 부정적으로 함몰되고 만다. 인생은 상황보다 중요한 것이 상황을 해석할 수 있는 자신만의 해석이 중요하다. 조가비는 모래라는 외부 환경과 실패를 탓하지 않았고 모래를 자신의 것으로 융합해서 또 다른 성과물을 만들었다.

우리도 인생에서 실패를 만난다. 그때 실패를 통해서 무엇을 만들 것인가를 생각해야 한다. 실패를 통해서 다른 무언가를 만들고 도전할 기회를 삼을 수만 있다면 더 이상 실패는 실패로 끝나지 않는다. 실패와 마주침, 실패를 직시하고 외면하지 않을 때 실패의 가치를 발견하게 되는 것이다.

인도의 간디도 실패와 좌절을 많이 겪었다. 하지만 실패를 통해 그는 더 강해질 수 있었고 실패를 통해 인생의 교훈을 배울 수 있었다. 그의 위대한 점은 똑같은 실수와 실패를 반복하지 않은 점이다.

훌륭한 사람과 보통 사람의 차이점은 무엇일까? 성공하는 사람들은 실패를 실패로 그냥 나두지 않는다. 성공한 사람들이 사용하는 전략은 실패를 통해서도 인생의 무언가를 얻는다. 그것은 플러스 사고로 가능하다. 실패에 대해 방어만 하고 또 다른 시도를 하지 않는다면 인생에서 진보가 아닌 멈춤의 상태이다. 성공한 사람들이 쓰는 전략은 다르다. 그들은 실패를 통해서도 무언가를 얻으며 얻은 것을 가지고 다음 문제해결에서 사용한다. 인생은 문제해결의 과정이다. 실패를 실패로만 바라본다면 얻을 것이 없지만 다음 번의 시도를 위한 하나의 단계나 과정으로 보는 사고는 또 다른 문제해결의 시발점으로서 충분히 가치 있는 것이다. 성공하는 사람은 실패상황이나 좌절의 사건조차도 자신의 인생에 반영한다.

간디는 좌절의 사건을 통해 더 윤리적으로 무장할 수 있었고, 마틴 루터 킹도 좌절의 사건을 통해 흑인인권운동의 필요성의 자료로 삼았다. 좌절과 실패가 없는 사람은 없다.

우리의 인적 환경과 외적 환경은 마땅히 있어야 할 세계가 아닌 있는 세계로서의 사회이다. 있는 사회에서는 도덕성으로서의 선악보다는 경제와 정치로서의 이익가치를 더 우선순위에 둔다. 그렇기에 도덕과 윤리가치를 가진 선인과 의인들은 자신의 선한 가치를 실현시키기 위해 노력한다. 선인과 의인들은 자신들의 실패와 좌절 사건들을 인생의 진주로 만들 줄 아는 사람들이다. 그들은 실패와 좌절을 통해서도 소중한 무언가를 얻는다. 그들은 실패와 좌절의 사건이 자신만이 겪는 사건이 아니라 모든 인간이 불완전한 있는 세계에서 겪어야 할 고통으로 공감하게 된다. 그렇기에 그들은 실패와 좌절 사건을 그냥 있게 두는 것이 아니라 함께 해결해야 할 문제로 객관화시키게 되고 문제해결을 위한 참신한 방법들을 연구해 실천한다. 그러한 사람들로 인해 세상은 있는 세계로부터 마땅히 있어야 할 세계로 변모하게 되는 것이다.

19

인생이라는 벽장에서 무엇을 꺼낼 것인가?

심리학자였던 칼 융은 이런 말을 했다. 심리 치료를 받는 환자의 벽장 속에서 해골을 꺼내는 일은 아주 쉬운 일이지만 황금을 꺼내는 일은 대단히 어려운 일이라고 했다. 이 말의 속뜻은 자신의 과거 속에서 상처를 꺼내고 생각해내는 일은 아주 간단한 일이지만 자신의 장점과 자원을 발견하는 일은 심사숙고해서 찾아내야 하기에 어렵다는 것이다.

필자 할머니의 벽장은 많은 보물이 있었다. 그곳은 작고 비밀스런 공간이었다. 벽장 안에는 할머니의 보물 1호인 비단과 실, 옷가지, 각종 떡, 한과, 꿀단지, 오래된 가족사진 등이 들어 있었다. 벽장 안을 몰래 들여다보면 어찌나 정갈하고 깨끗한지 정말 먼지 하나 없이 언제나 정리되어 있었다. 할머니는 하루에 한 번 그곳에서 간식을 꺼내주었다. 다행히 동생들은 키가 닿지 않아 벽장에 올라갈 수도 없었다. 내 키도 작았지만 할머니가 베는 목침을 밟고 올라가

까치 다리를 하면 벽장으로 겨우 기어 올라갈 수 있었다. 벽장에 올라가면 2층 같기도 하고 작은 문을 열면 멀리 산도 보이고 가까이는 우리 집 울타리와 마당이 한눈에 내려다 보였다. 할머니는 손녀에게 줄 무언가를 그곳에 두곤 하였다. 할머니는 키가 작으셨지만, 생활의 달인으로 무에서 유를 창조하는 분이었다. 할머니의 생활력은 타의 추종을 불허하였다. 또한 할머니는 맛있는 음식의 달인, 정리정돈의 달인이었다. 그렇기에 할머니가 손대는 것마다 깨끗하면서도 알뜰한 장소로 변하였다. 할머니는 어떻게 그렇게 대단하실 수 있을까? 아마 나의 할머니는 넘치는 삶의 에너지로 사막에서도 전갈을 요리해서 살아남았을 정도이다.

할머니는 우리나라 전통음식의 대가셨는데 거의 가정선생님의 이론적인 일들을 지행합일할 수 있는 분이었다. 조청 만드시는 일, 두부 만드시는 일, 묵 만드신 일, 장아찌 만드신 일, 고추장 된장 만드시는 일, 각종 떡과 한과 강정 만드시는 일, 그리고 한복까지 손수 만드는 분이었다. 특히 복주머니는 얼마나 멋지게 만드는지 정말 지금 생각해도 감탄사 연발이다. 한 사람이 그렇게 많은 재능을 다 가질 수 있는지 의문이다. 그 당시 할머니의 실력을 100에 비하면 어머니에게는 미안하지만 어머니의 실력은 10 정도였다.

우리 시골집에서 할머니의 영역은 전 우주적이었지만 할머니는 자신만의 고유한 영역이자 공간이 두 곳 있었다. 자신의 벽장과 광은 누구의 출입도 꺼려하는 공간이었다. 할머니만의 두 번째 공간은 바로 부엌 옆에 자리한 광이었다. 광이 어찌나 큰지 그곳은 정말 당신의 보물단지로 가득 찬 공간이었다. 항아리에는 조청도 있고 과일, 각종 쌀과 콩, 조 여러 가지 먹거리와 할머니의 오래된 가구가 있었다. 할머니가 마실을 가거나 일할 때 우리 삼남매는 광에 몰래 들어가서 오래된 물레며 오래된 서랍들을 열어보았다. 어떤 때는 서랍 속에서 오래된 엽전들을 꺼내서 제기를 만들기도 했다. 할머니가 광의 문을 걸어놓지 않으시는 것을 보면 표시나지 않게 들어갔다 나오는 것은 묵인하신 듯 보였다.

어쨌든 할머니가 위대해 보였던 점은 벽장과 광 안의 보물들과 손으로 마술(요리)을 행하는 힘 때문이었다. 할머니는 마치 그리스 신화에 등장하는 마이다스 손과도 같은 존재였다. 어찌 그리 할머니의 손은 도깨비 방망이 같던지 먹거리가 부족하던 시절 하루 밤만 자면 떡이며, 조청이며, 강정이며, 묵이며, 콩나물이며 뚝딱하고 나오는 것이었다. 할머니와 함께 추운 겨울에 먹던 붉은 팥 시루떡과 조청은 영원히 잊을 수 없는 행복의 맛이다. 할머니는 이렇게 꿈 같은 추억을 나에게 선물하신 유일한 분이었다. 그 시절 생각만 해도 그립고 꿈에서라도 다시 돌아가고 싶다.

필자는 어린 시절 긍정의 안전기지인 맘속의 그림이 많이 저장되어 있다. 이런 추억에서 황금이 너무 많기에 늘 행복을 맘속에서 꺼내보곤 한다. 할머니의 손은 마술 손이었다. 자연재료로 먹거리를 훌륭하게 창조하셨던 그분을 생각하면 어느새 미소가 번진다.

유년시절의 벽장에선 우리 집안에 황금과도 같았던 할머니를 꺼낸다. 할머니는 가정책에서 배운 모든 이론적 지식의 실체이고, 실상이었다. 필자의 유년시절의 벽장 안에는 긍정적이고 생활의 달인이셨던 그분이 있다. 할머니는 아래로부터의 교육을 몸소 실천해주신 지혜로운 분이셨다. 손과 발이 먼저 움직여서 실천하고 심장이 느껴서 좋아하거나 싫어하거나 머리로 깨닫게 하는 아래로부터 위로의 교육이었다.

그래서 나는 할머니가 만들어준 모든 먹거리를 손과 발로 체험하고 할머니의 모든 것은 심장으로서 느끼는 호감이었고 맨 나중 머리의 이성으로서 인식했던 가정수업이었다. 이제와 생각하니 할머니의 교육은 어떠한 교육보다 뛰어났다는 것을 새삼 느끼게 된다. 할머니는 지혜롭고 현명한 분이었다.

할머니는 꽃을 너무도 좋아하였다. 늘 우리 집에는 꽃이 있었다. 봄에는 진달래, 앵두꽃, 딸기 꽃이 있었고, 여름이면 채송화, 봉숭아, 백일홍이 있었고, 가을이면 코스모스, 국화, 꽈리가 있었다. 그리고 겨울에는 방으로 들어온 항아리에 파초가 있었다. 특히 가을이면 할머니는 문에 창호지를 발랐다. 그 창호지에는 언제나 예쁜 꽃들을 넣고 붙였다. 일종의 할머니 표 압화였던 것이다. 그리고 어디서 구하였는지 작은 유리도 끼워 붙여 안에서 밖을 보게 하였다.

과거 유년시절의 벽장 안에서 황금이었던 그분을 꺼내본다. 할머니의 구수한 입담에서 나오는 이야기 덕분에 국어를 좋아하게 되었고, 할머니의 절기음식 덕분에 평생 아프지 않고 건강한 식생활을 할 수 있었다. 나도 그녀처럼 현명한 여인이 되고 싶다. 돈이 많고 자원이 많아서 가능한 일이 아니었다. 오직 땅과 비, 공기, 햇빛이 함께하였고 할머니의 가족에 대한 사랑의 마음과 손과 발의 헌신이 있었기에 가능한 일이었다.

우리는 모두 삶이라는 벽장 안에서 무엇을 꺼내곤 한다. 여러분은 삶의 벽장 속에서 무엇을 꺼낼 것인가? 나에게 상처 주었던 해골 같았던 사람인가? 아니면 나를 살게 하고, 나를 있게 한 황금과도 같은 사람인가? 가족 간에는 상호작용이 있기에 장단점이 있기 마련이다. 이럴 때 과거와 화해하고 용서하려면 가족의 장점을 줌 인하여 보자.

20

운명론과 개척론에서 중심 잡기

운명과 인생의 도전 사이에서 어떤 태도를 취해야 심리적 안정을 얻을 수 있을까? 재능과 능력도 없는데 지나치게 야심적이라면 야심이 독이 되어 그 사람을 마음의 병이 들게 한다. 타고난 재능이 있고 노력도 한다면 세상적인 꿈은 성취되기 마련이다. 어렸을 때 목표를 정하고 그 목표를 이루기 위해 훈련과 노력을 한다면 그 꿈의 실현가능성은 높다. 우리나라보다 열린사회인 미국의 경우라면 오직 개인의 노력과 능력을 우선시하는 사회이기에 사회적 사다리를 구분하는 것은 오직 한 사람의 능력에 의해 판명되므로 사회적 권력의 사다리는 비교적 개방적이다. 우리나라도 요즘 분위기를 보면 열린사회에 가깝다. 본인의 꿈이 확실하고 비교적 어린 시기에 자신의 전공과 진로를 선택하고 달려가면 자신의 성취는 보장된다고 할 수 있다. 그렇다고 해도 자신의 성공과 실패를 꼭 개척론에 둔다고 정신적, 심리적으로 안정적인 것은 아니다. 인간은 중요하다고 생각하는 인생의 실패한 일, 혹은 좌절된 일 등을 귀인해본다. 자신에게 의미 있는 일들에 대해서 왜 그랬는지 분별해 보는 것이다. 운명에 의해 상실이나 이별을 겪을 수 있는데 이럴 때도 개척론의 입장에서 자신을 탓하다보면 우울증에 걸리기 쉽다. 그래서 꼭 양적으로 따질 수는 없는 일이지만 80대 20법칙을 적용하면 어떨까? 도전으로 바꿀 수 있는 일은 80%로 잡아보고 과거의 실수나 내가 노력해도 어쩔 수 없었던 일 20%로 잡아보면 자책하는 마음이 떠나가고 마음이 조금 편안해지기도 한다. 자신의 인생에서 어쩔 수 없었던 이별이나 상실은 운명 탓을 하면 우울증과 책임의식에서 벗어나 좀 더 심리적으로 홀가분할 수 있다.

자신이 책임질 수 없는 외상사건까지도 개척론의 입장에서 자신이 통제하려고 하면 인생이 피곤하다. 적극적이고 주도적인 삶을 사는 사람들은 통제수준이 높아 어쩔 수 없는 일까지도 자신의 영향권 아래 있다고 생각한다. 어쩔 수 없었던 과거의 일들은 운명론 입장에서 해석하라. 필자도 이별의 고통에서 헤어 나오지 못할 때는 내 탓을 많이 했다. 내가 부족해서 그가 떠났고 그는 나보다 완벽한 대상을 만났다. 내가 좀 더 고학력자였더라면, 내가 더 예뻤더라면, 내가 좀 더 좋은 배경에 있었더라면 그 사람이 떠나지 않았을 것이라고……. 예나 지금이나 인간의 마음은 조석으로 변개한다. 우리가 붙잡을 수 있는 것은 자신의 마음뿐이다. 변심한 애인의 맘을 어찌 통제할 수 있단 말인가? 필자의 상처라고 착각한 상황의 해석은 이렇다. '그 사람은 붙잡아도 갈 n이었습니다. 자기 마음 하나 붙잡아 두지 못한 의지가 나약한 n이었습니다. 감사합니다. 그런 갈대와 같은 사람이 나의 길동무가 아님을 감사합니다.' 이제는 운명 앞에 당당히 말할 수 있을 만큼 성숙해졌다. 기차는 지나갔지만 그 후, 인생에 더 완벽한 기차가 다가와 멈췄다. 그 사람은 바로 남편이다. 남편은 충실한 나의 정신적 후원자이자 지원자이다. 지금의 나를 만들어준 사람이다.

심리학을 알게 되면서 필자는 치유의 힘을 사용하였다. 완벽히 사랑은 기술이다. 배워서 노력하고 훈련한 사람만이 의지를 활용해서 한 대상을 사랑할 수 있다는 것을 알게 되었다.

그리하여 떠나간 그 사람을 위해 진달래까지 흩뿌리지 못하더라도, 편히 보내줄 수 있는 마음을 가지게 되었다. 사랑은 친밀감, 헌신, 열정을 토대로 있는 삼각형이다. 세 가지의 요소가 없는 만남은 미숙한 관계일 뿐 사랑이 아니다. 그리하여 20대의 사랑은 그와 영원히 사랑하겠다는 의지인 헌신이 부족한 경우가 대부분이다. 20대의 사랑이라는 것은 미숙하고 수준이 낮은 사랑에 대한 실험과 같은 상황인 것이다. 열정만 가득한 수준 낮은 욕망인 것이다. 동물적 상태의 욕망이며 전도망상에 불과한 것일 수도 있다.

어쩔 수 없었던 상황, 예를 들면 변심한 애인 마음 돌려놓으려고 개척론의 입장에서 스토커가 되거나 자살소동을 일으키는 일은 어리석은 일이다. 차라리 그 시간에 지혜롭게 자기개발하는 것이 유익하다. 사실 자신의 실력과 자아의 크기를 심화하고 확장하는 일은 자아실현을 도와주고 마음의 평정을 가져다준다. 마음의 허하고 외로울 때 사람들에게 사랑받고 싶은 마음이 더 드는 법이다. 자기 안에 학문에 대한 이성적 이해와 통찰력, 각종 책을 읽고 깨달음을 얻을 때 느끼는 '아하, 이거다' 하는 의식, 행동, 감정은 언어로 표현할 수 없는 감동이다. 20대에 열정적이지 않으면 마음이 없는 것이고,

40대에 보수적이지 않으면 머리가 없는 것이라는 말이 있다. 20대의 열정에 자신의 몸을 맡기기 쉽다. 20대의 외모는 성인 수준이지만 전두엽이 미성숙해서 불완전하다.

인생에서 개척론과 운명론 사이에 적당한 균형점을 찾는 것이 심리적 건강에 유익하다. 즉 어쩔 수 없는 일은 운명론에 맡겨라. 인간은 자신의 마음만 통제 가능하다. 떠난 사람은 붙잡지 마라(모냥 빠지는 짓이다). 그 시간에 자기개발과 마음 챙김 수업을 하라. 기차는 떠나도 다음 기차가 남아 있다. 그것도 아주 많이~. 기회는 와이키키 해변의 파도처럼 몰려오기 마련이다. 그대가 인격과 실력으로 준비하고 있다면 무한 기회가 있다.

21

기대를 낮추면 마음이 편해진다

엘레너는 어렸을 때 부모님을 여의고 할머니 손에서 자랐다. 돌아가신 어머니는 대단한 미인이었다고 한다. 그 대단한 미모의 어머니는 자신의 딸이 자신처럼 아름다워져서 사교계의 퀸카로 성장하길 바랐다고 한다. 그런데 이게 어찌된 일인가? 그녀의 딸인 엘레너는 타고난 외적 미모와는 거리가 먼 아이였다고 한다. 미모의 어머니는 자신의 딸이 자신을 닮지 않아서인지 딸의 외모에 대해 비판하는 말을 종종했다고 한다. 엘레너는 어머니가 돌아가신 후에도 그것이 상처로 남아 있었다. 그녀는 성장한 후 정서적 안정을 위해 기대를 낮추는 마음정리 기술을 터득했다. 엘레너가 터득한 기술은 세 가지이다. 첫째, 나는 매력적이지 않다. 둘째, 어떤 사람의 애정도 영원하지 않다. 셋째, 나와 아주 가까운 사람조차도 나를 실망시킬 수 있다.

엘레너는 자신의 외모가 매력적이지 못하다는 것을 인정했다. 그

대신 다른 내면적인 아름다움을 계발했다. 바로 빛이 나는 여자! 향기 나는 여자만이 가질 수 있는 속사람의 아름다움이다. 엘레너는 타인에 대한 배려, 예절, 그리고 고통받는 사람에 대한 공감으로 봉사정신을 실천한 사람이었다. 그녀는 외모, 즉 겉사람보다 내면의 속사람이 더 아름다운 사람이었다. 해를 거듭할수록 타고난 미모보다 마음을 가꿔나가는 아름다움이 더 강하다는 것을 알게 된다. 그녀의 중년은 우아하다. 해가 지날수록 그녀는 온화하고 따뜻한 내면을 반영한 얼굴의 미소가 그녀를 더욱 돋보이게 하였다. 어리고, 마르고, 예쁜 20대의 무표정한 얼굴보다 그녀의 얼굴이 비록 주름졌지만 웃고 있는 모습이 더 아름답고 성숙해보인다.

두 번째 그녀가 가진 마음정리는 어떤 사람의 애정도 영원하지는 않다는 것이다. 우리는 인생이라는 길목에서 수많은 사람과 만나고 헤어진다. 가족과 남편도 인생길에서 만난 가장 가까운 길동무이다. 동무는 많은 무리수를 가지고 있다. 동무가 되는 과정은 열정기, 권태기, 성숙기로 진행된다. 모든 인간관계는 이 과정을 거치는데 성숙한 사람들은 이 과정을 지혜롭게 잘 이끌어 나간다. 그러나 미성숙한 사람들은 열정기 때는 관심과 배려를 공급하지만 권태기 때에는 예의가 없어지거나, 어떤 예절이나 배려를 하지 않기에, 관계는 조기에 소원해지거나 정리된다. 이런 권태기를 인격으로 잘 극복한 관계에서는 성숙기로 넘어가 평생지기가 되는 것이다.

엘레너가 사용한 마음정리의 세 번째 방법은 아주 가까운 사람조차도 나를 실망시킬 수 있다는 것이다. 엘레너는 마음그릇이 넓은 사람인 듯하다. 그녀는 남편의 외도를 어쩔 수 없이 수용했다. 그녀도 분명 괴로웠을 텐데 그녀는 그것을 문제 삼지 않은 듯하다. 대신 그녀가 할 수 있는 대외적인 정치와 사회봉사에서 영향력 있게 활동했다. 그녀는 할 수 있는 일과 없는 일 사이에 분명한 기준과 방향을 잡았다. 현명한 여인이다. 그녀는 자신이 할 수 있는 일에 집중한 긍정적인 사람이었다. 남편의 외도를 그냥 실망차원으로 받아들이고 더 이상 괴로워하지 않았을 것이다. 그녀는 이렇게 마음정리를 하니 심리적 무질서로부터 해방되어 변화할 수 있는 일, 할 수 있는 일에 집중한 것이다. 그녀는 퍼스트레이디로서 역할에 충실했다. 자신이 할 수 없는 일, 변화할 수 없는 일에 관심을 두면 심리적 불안과 우울로 인해 내부 에너지는 고갈되고 마음은 혼란과 혼돈을 피할 수 없게 되는 것이다. 이럴 때 엘레너가 사용한 마음정리는 많은 도움이 된다. 우리는 직접적으로 자신의 마음만 통제할 수 있다. 길동무와 타인은 권고할 수 있는 정도로 간접적인 통제만 할 수 있는 것이다. 타인의 마음을 바꾸는 것은 얼마나 어려운 일인가? 더군다나 모든 인간은 더블 띵커로 말과 얼굴 표정을 마음과 다르게 할 수 있다. 믿을 수 있는 것은 그의 인격과 도덕적 가치이다. 애정이 식으면 인격과 도덕적 가치만 남기에 도덕성 있는 사람을 길동무로 삼아야 한다. 인격과 도덕적 가치가 내면화된 사람과 사람이 만나면 인생에서 안전하게 성숙기로 행진할 수 있다.

　엘레너의 마음정리 기술은 심리적 무질서를 회복시키는 좋은 방법이다. 마음을 낮추고 비우면 평화가 찾아온다.

22

코이 물고기와 꿈

코이 물고기는 외부 환경에 따라 크기가 변화한다. 코이 물고기를 작은 어항에 키우면 5~8센티미터까지 자란다. 코이 물고기를 어항보다 사이즈가 큰 수족관이나 연못에 두면 15~25센티미터까지 자랄 수 있다. 그리고 강물에서 자유롭게 살게 해주면 90~120센티미터까지 자랄 수 있다고 한다. 코이 물고기의 공간에 따라 변화하는 가능성의 크기는 우리의 삶과 어떻게 연관시킬 수 있을까? 우리는 삶에서 꿈의 크기만큼 성장하고 성취할 수 있다. 분명하고 바른 도덕성을 바탕으로 정립된 원대한 비전과 목표를 세우는 것은 삶의 방향성을 설정해준다. 인생의 장기적 목표가 있는 사람과 없는 사람의 차이는 엄청나다. 인생의 비전이 있는 사람은 행동의 방향성이 있기에 시간을 잘 관리하고 소모적인 행동을 하지 않는다. 그는 목표가 분명하기에 행동을 통제하기가 용이하다.

그렇다면 비전은 어떻게 세우는 것이 좋을까? 자신을 상대평가하지 말고 절대평가해서 세운다. 누구나 다 고유의 강점과 잠재력이 있다. 이것을 찾는 것이 중요하다. 긍정의 멘토를 주위에 두고 있다면 자신의 강점이 무엇인지 조언을 구할 수 있다. 자신의 강점과 흥미 있는 일, 자신이 좋아하는 일을 찾고 본인이 이 일을 통해 사회와 인류를 위해 헌신할 일들의 계획을 장기적으로 세우는 것이 바로 비전이 있는 삶인 것이다.

이때 비전은 탐, 진, 치를 벗어나 진, 선, 미를 추구해야 한다. 비전은 욕심과 권력싸움과 음행을 구하는 일이 아니라 진리 추구와 착함과 아름다움에 기여할 수 있는 일이어야 한다.

그리고 코이 물고기처럼 비전은 크게 가질수록 성취크기도 달라질 수 있다. 인생비전과 목표가 작다면 작은 그림을 그릴 수밖에 없을 것이고 인생비전과 목표가 크면 클수록 큰 그림을 그릴 수가 있기 때문이다.

자신의 인생비전을 세우는 꿈노트나, 감사노트를 써보는 것도 좋다. 그렇게 되면 자신의 사명을 더욱 빨리 찾을 수 있게 된다. 적자생존이라는 말의 또 다른 의미는 적는 자만이 생존할 수 있다는 뜻으로 꿈의 휘발성을 말하고 있다. 글로 기록하지 않는 꿈은 한낱 개꿈으로 끝나기 쉽다는 것이다. 꿈을 기록하지 않으면 대부분 '한여름 밤의 꿈'으로 끝나기 쉽다. 그렇기에 자신의 비전을 잘 간직하고 오래도록 마음에 새길 수 있도록 기록해놓아야 한다. 이왕이면 소중한 노트에 적어보자. 그러면 매일매일 꺼내보고 확인하면서 자신의 행동과 시간을 비전에 가깝도록 통제하고 관리하게 된다. 자신의 시간관리와 행동관리, 마음관리를 하루하루 열심히 조직화하다 보면 어느새 비전에 가까운 목표를 다 성취하게 되는 것이다. 하루를 소중히 보내고 매일매일 의미 있고 충실하게 보낼 수 있다면 설정한 인생비전을 이룰 수 있게 된다.

자신의 목표를 이루는 일은 처음엔 더디고 그 형체도 나타나지 않기에 이루어지지 않는 먼 미래의 일로 생각할 수도 있다. 그러나 하루하루의 벽돌이 쌓여 시간이 흐른 후, 목표한 외벽이 완성되고, 또 성실한 하루하루가 쌓여, 인생 비전이라는 형태의 건축물이 완성되는 것이다. 모든 비전은 하루아침에 완성되지 않는다. 피와 눈물과 땀이라는 헌신이 바로 비전이라는 건축물의 초기 재료인 것이다.

비전을 이루는 일은 마치 두부를 만들고, 묵을 만드는 일과 같다. 시골에서 자란 필자는 할머니가 만드는 두부를 본 적이 있다. 콩물을 끓인 후 간수를 붓고 놔두면 처음에는 두부라고 할 수 없는 형체가 만들어진다. 이 알 수 없이 서로 분리된 형태를 보자기에 넣고 큰 돌로 눌러두면 나중에 물기가 빠지고 두부의 형태가 완성되는 것이다.

꿈, 목표, 비전을 이루는 일은 더디게 일련의 과정들이 진행되지만 포기하지만 않는다면 반드시 '두부'처럼 그 형태가 완성되어 간다.

인간에게 꿈을 이루는 일은 왜 이리 오랜 시간이 걸리는 걸까? 또한 그 꿈과 목표가 크다면 내공을 쌓는 기간은 더 오래 걸릴 것이다. 비교적 빨리 습득할 수 있는 것은 기술에 관련된 것일 것이며, 지적인 일들은 이에 비해 시간이 오래 걸리는 특징이 있다. 인간은 의식을 집중하는 법을 배우지 않으면 무엇을 제대로 배울 수가 없기 때문이다. 무언가에 전문가가 되기 위해서는 오랫동안 관찰하고 훈련해야 하는데 바로 의식을 하나로 집중하고 오랜 시간을 보는 법을 알게 되는 것이다. 시각이 아닌 시선의 집중, 자신이 성취하고 이루고 싶은 분야에서 전문가가 되어야 자신이 원하는 비전을 이룰 수가 있다. 자신이 성취하고 싶은 목표에 근접하기 위해서는 그 분야의 대상물을 오랜 시간 애정의 시선으로 바라보는 시간이 절대적으로 필요하다. 가수에게는 그것이 악보일 것이요, 작가에게는 그것이 책일 것이요, 미용사에게는 그 대상물이 머리카락일 것이다. 학습자에게는 반드시 목표를 이룰 수 있는 구성물의 개념과 기초들이 있다. 이것들을 진정 사랑이 반영된 시선으로 바라보아야 한다.

훌륭한 양치기의 애정의 대상물은 바로 자신의 양떼인 것이다. 양떼를 오랫동안 바라볼 수 있는 시선과 애정 어린 관찰만이 그 양치기를 다른 일반적인 양치기보다 위대하게 만들 수 있는 유일한 방법이다.

모든 전문가와 목표를 이루는 일은 왜 이리 더디게 성장하고 성취되는 것일까? 보통 어떤 분야에서 목표를 이루기 위해서는 그 분야의 전문가가 되는 길이 가장 확실한 방법이다. 전문가가 되기 위해서는 어떤 과정을 거치는 것일까? 네 단계의 과정을 밟게 된다. 우선 통제 전 단계, 통제단계, 활용단계, 숙달단계이다. 우선 통제 전 단계는 자신이 필요로 하고 원하는 일이 무엇인지 인식하지도 못하고 필요성도 모르는 단계이다. 영어를 예를 들면 영어가 왜 필요한지, 또는 영어에 대한 능력도 어떤 단계가 있는지 모르는 상태이다. 다음은 통제단계이다. 이제는 영어가 왜 중요한지 의식적으로 인식하고 노력하는 단계이다. 영어를 사용하기 위해 의식적으로 부단히 노력하는 단계이다. 세 번째 단계인 영어를 활용하는 단계로서 이 단계는 의식적으로 영어를 잘 활용하는 단계이다. 그러나 무의식적으로 영어를 말하는 단계는 아직 아니다. 네 번째 단계는 숙달단계로서 의식적으로 노력하는 단계가 아니라 이미 기술과 지식이 뇌와 몸에 새겨져 있는 상태로서 무의식적으로 능력이 발휘되는 상태이다. 숙달단계에서는 자신의 기술과 지식이 몸에 내면화되어 기술과 지식이 발휘되는 상태이다.

숙달단계에 이르기까지는 10년의 내공이 필요하다. 모든 능력발휘는 능력과 과제의 난이도가 만나는 부분의 몰입과 시간의 힘이 더해져서 숙달형 전문가가 탄생된다. 인생에서 거저 얻어지는 것은 없다. 노력과 헌신만이 성숙한 사람, 특별한 사람을 만든다.

23

가장 위험한 만남

긍정적인 사람은 다른 사람이 불행하다고 규정하는 상황 속에서도 행운을 찾는 심미안이 발달해 있는 사람이다. 그들은 문제 상황과 실패 상황 속에서도 해결의 실마리를 찾아내고, 좋은 요소들을 발견해내는 특별한 재주가 있는 사람들이다. 그러나 부정적인 사람들은 객관적으로 남들이 부러워하는 현실 속에서도 힘든 요소와 비판적인 요소들을 잘 찾아내는 사람들이다. 긍정주의자에 속하는 낙관주의자는 한마디로 구름이 태양에 가려 있을지라도 내일은 태양이 다시 뜰 거라는 믿음을 가지고 있는 사람이다. 낙관주의자는 불행한 사건이 있을지라도 그것은 일시적이며 지나갈 것이라는 믿음을 가지고 있다. 이것도 지나가리라는 믿음을 가지고 있기에 힘든 시간도 감사하며 지나갈 수 있다. 그러나 비관적인 사람들은 불행한 상황이 영원히 지속되고 일반적인 상황이라고 판단한다. 비관적인 사람들은 과거, 현재, 미래에서 어두운 부분의 영향력을 계속해서 생각하며, 불행의 그림자를 유령처럼 가지고 다닌다.

부정적인 사람들, 즉 비관적인 사람들이 불행한 이유는 단순한 상황 판단력 때문만이 아니다. 우리 인간은 육체와 정신을 가진 존재로서 육체는 정신과 교류한다. 이 과정에서 얼굴표정과 말은 신경전달물질과 호르몬을 이끌어내는 매개체이다. 얼굴표정은 단순하게 얼굴표정으로 끝나는 것이 아니라, 뇌파, 신경전달물질, 호르몬을 방출하게 하는 일종의 버튼인 것이다. 말이 모든 신경체계를 지배한다. 비관주의자가 짜증과 불안수준이 높아지는 이유는 말과 얼굴표정으로 스트레스 뇌파와 호르몬을 불러일으키기 때문이다. 사람들은 처음에는 본인이 얼굴과 말로서 비관을 택하지만 시간이 흐를수록 뇌의 파동과 호르몬의 작용으로 점점 더 비관주의자로 딱딱하게 굳어지게 되는 것이다. 긍정적인 낙관주의자들은 매일매일 희망적인 말과 희망적인 얼굴표정으로 뇌의 파동을 좋게 만들고 호르몬도 몸에 좋은 호르몬이 배출되도록 버튼을 누르는 것이다.

낙관주의를 선택한 사람들은 얼굴표정과 말투에서 보통사람과 다른 것이다. 또한 그들은 얼굴표정과 언어행동으로 버튼을 누르는 것이다. 이것은 누적적이다. 시간이 흐를수록 낙관적인 사람들은 점점 더 낙관적으로 변하고 비관적인 사람들은 점점 더 비관적으로 변해간다. 낙관주의자의 뇌는 비관주의자의 뇌와는 다르다. 낙관주의자의 뇌는 알파파이고 천사의 호르몬인 엔돌핀이 다량 분비된다. 그래서 매일매일 기쁘고 행복하다. 그리고 본인이 기쁘고 행복한 만큼 그 에너지를 주위에 방출하게 된다. 비관주의자의 뇌는 베타파이고 아드레날린과 코티졸이 다량 방출된다. 이 호르몬에 의해 비관주의자는 짜증, 우울, 불안이 유발된다.

우리들의 정서는 전염력이 높다. 옆 사람이 우울하고 짜증을 내게 되면 왠지 불편하다. 부정적인 의식보다는 긍정적인 의식의 힘이 더 세다. 비관주의는 포스의 억지 힘이고 낙관주의는 파워의 힘으로 에너지 차원이 훨씬 높다. 그렇기에 낙관이 비관보다 힘이 세다. 낙관적인 사람 옆에 있으면 왠지 힘이 난다.

그렇기에 배우자를 고를 때는 외모나 능력보다 더 중요하게 고려할 것이 인격이 성숙한가를 볼 일이다. 특히 낙관적인 배우자를 선택해야 행복하다. 낙관적인 배우자는 비관적인 배우자를 자신의 긍정에너지로 변화시키고 성장시킨다. 주위를 행복에너지로 충전시킨다.

낙관주의자와 낙관주의자의 만남은 최상의 만남이다. 이들은 어려운 상황을 만날지라도 문제를 잘 해결해나간다. 부부간에 한 사람은 낙관주의자이면서 한 사람은 비관주의자일지라도 낙관적인 사람의 리더와 조정, 협력으로 어려운 고비를 잘 헤쳐 나간다.

문제는 비관주의자와 비관주의자의 만남이다. 이들은 현실적인 문제가 없을 때는 그런대로 삶을 이끌어 나간다. 그러나 인생의 어려움을 만나게 되면 문제를 확대 해석해서 잘 넘길 수 있는 상황도 부정적인 결정을 하는 경우가 많다. 인생에서 어려운 상황을 만나게 되는데 이때 긍정적으로 생각하고 그 상황에서 좋은 점 한 가지라도 인정하게 되면 여유가 생긴다. 여유가 생기면 문제를 해결해나가는 데 결정적인 단서를 제공해준다.

24

행운과 행복

세 잎 클로버의 꽃말은 행복이고 네 잎 클로버의 꽃말은 행운이다. 한 글자 차이인데도 행운과 행복에는 삶을 대하는 우리 인생의 태도에 대한 많은 함축적인 의미가 들어 있다.

과연 우리는 인생에서 함께 조력하고 노력해나가는 행복을 바라는 것일까? 아니면 "인생 뭐 있어! 인생은 한 방이야. 우리의 희망은 로또밖에 없다"인가? 아직도 당신은 로또의 행운을 버리지 못하셨나요? 로또의 확률은 비 오는 날 번개 두 번 맞을 확률이라고 하던데요(?).

우주적 차원에서 행운이라는 것은 그렇게 한 사람에게 몰아주지 않나 보다. 로또에 당첨된 사람들을 추적해보면 인격이 성숙되지 않은 대다수의 분들이 돈이 많다 보니 우선 차와 집을 바꾸고 그다음은 배우자를 바꾸더라는 웃지 못할 이야기가 있다. 돈과 학문은 인격이 함께할 때 아름다운 빛을 발한다. 인격 없는 돈, 인격 없는 학문은 자기자랑과 교만으로 마감한다.

돈이라는 것도 한 단계 한 단계 노력해서 벌어야 소중하고 그 가치를 안다. 불로소득은 인간을 병들게 하고 물질로 인해 오히려 인간성이 황폐화된다. 돈으로 산 가치는 오래갈 수 없다. 그런데도 보통사람들은 행운을 바라고 소망한다. 행운보다 소중하고 가치 있는 일은 매일매일 노력해서 얻을 수 있는 행복이다. 매일매일 작을 일에 감사하고 그 감사한 마음을 표현하면 행복은 저절로 만나게 되는 것이다. 행복은 물질적인 외부에 있는 것이 아니라 우리 마음속에 꼭꼭 숨어 있다. 우리 마음속의 의식 수준에 의해 행복이 좌우된다.

똑같은 상황에서도 우리의 의식 수준만큼 다른 태도가 형성된다. 우리의 행복과 만족은 우리의 의식이 결정하는 것이다.

황후의 밥, 걸인의 찬. 고구마와 김치 한쪽을 먹어도 의식 수준이 높은 사람은 농부에 대한 감사와 음식을 차린 사람에게 감사와 헌신의 마음을 느끼며 먹는다. 이 사람은 행복을 만들어가는 사람이다. 의식 수준이 낮은 다른 사람은 고구마와 김치 한쪽을 보며 가난함과 구차함을 생각하며 수치심과 슬픔을 느낄 수도 있는 것이다. 언제나 상황이 문제가 아니라 어떠한 일을 대하는 나의 관점이 문제인 것이다. 우리는 관점을 바꾸고 전환해야 한다. 고구마와 김치는 좋게 의미 있게 해석하면 웰빙 식품이다. 낮은 의식으로 해석하면 가난과 구차함의 상징적인 음식이 될 수도 있다. 필자의 고향은 시골 중에서도 두메산골 오지에 살았다. 부지런한 부모님 덕분에 부족함을 모르고 풍성한 먹거리 속에 어린 시절을 보냈다. 겨울철 고구마에 얼음처럼 차가운 김치 한쪽을 감싸먹던 그 맛은 달콤하고 행복한 맛으로 기억된다. 필자는 고구마와 김치를 떠올리거나 다른 시골스런 먹거리를 떠올릴 때면 고향의 향수가 느껴지는 것이다. 경험했던 자아도 행복했거니와 느끼는 자아도 행복으로 가득 차오른다. 필자는 요즘 유행하는 웰빙식품을 어렸을 때부터 먹었던 것이다. 그때는 사이다, 아이스크림, 케이크, 소시지가 뭔지도 몰랐다. 그런 귀한 음식은 소풍날만 먹는 걸로 알았다. 그래서 우리는 그런 것을 사달라고 요구조차 하지 않았다. 고구마와 김치를 먹어도 낙관적인 어머니의 즐거운 웃음으로 우리는 맛있게 먹었다. 어머니가 하도 맛있게 꿀처럼 드셨고 말과 행동으로도 그렇게 하셨기에 우리 삼남매는 그것을 그냥 따라한 것뿐이었다. 그리고 부유한 부모님을 가진 애들을 한 번도 부럽게 생각하지 않았다. 우리는 매일매일 행복했다. 우리는 객관적으로 볼 때 아무것도 가지지 못한 것처럼 보였을지도 모르지만 우리 삼남매는 그때 모든 것을 가졌었다. 우리는 자연이 주는 무한의 에너지 속에서 부모님의 사랑과 할머니의 보살핌 속에서 그렇게 성장하였다.

행복은 행운보다 크고 강력하다. 그리고 그 행복은 객관적인 것이 아니고 다분히 주관적이다. 다른 삶의 시선이 아닌 우리는 그곳에서 마음의 행복을 느꼈다. 우리는 제왕의 자녀처럼 모든 것을 다 가졌었다.

25

제나, 맘나, 얼나

마음의 느낌패턴에서 동기가 생기고 동기에서 신념이 나오고 신념에서 행동이 나온다. 창조주는 우리가 성장하기를 원하기 때문에 우리가 성장하고 마음 아래에서 잠자고 있는 잠재력을 충분히 사용하여 어떤 가치 있는 존재가 되기 위한 기회를 제공하는데, 그것이 때로는 육체적으로 비극적인 사건일 경우도 있다. 그러나 제나가 꺾이고, 부서지게 되면, 맘나와 얼나를 제대로 볼 수 있게 된다.

제나는 육체의 나이고 맘나와 얼나는 속사람인 마음, 즉 영적인 나이다. 제나는 탐, 진, 치를 추구한다. 제나는 욕심, 싸움, 어리석음을 좋아하며 계속해서 무엇을 입을까, 먹을까, 마실까를 생각하는 것으로 본능적인 욕구이다. 현대인들은 거의 음식과 끌리는 이성만 보면 '탐욕'이 들어오고, 조금 능력 있다 싶으면 힘을 과시하거나 공격적인 성향을 보이고, 자존감이 낮고 존재감 없는 사람들은 어리석음을 가지고 있다. 본능대로 사는 인생은 바닷물을 마시며 사는 삶과 같다. 먹어도 배부르지 않고, 채워도 채워지지 않고, 많이 가져도 공허하니, 그러한 욕심과 욕망은 헛되고 헛된 것이다. 두 번째는 이성적인 삶이다. 이성적인 힘은 부분적으로 통찰과 예견능력이 있다. 그러나 이성적인 힘이 결정적으로 약한 부분은 나무는 보되 숲을 보지 못하는 것이다. 이성적인 힘을 사용하다 보면 이것이 모두 이성으로 해결할 수 있다고 본다. 이성도 부분적이며 전체를 다 알지는 못한다. 얼나, 영나라고 하는 것은 창조주에 대한 지식이다. 창조주에 대한 초월적인 의식을 가지고 있는가, 우주차원에 의식을 가지고 있는가란 질문을 던질 수 있는 것은 영적인 나에 대해 궁구하는 것이다. 진정으로 만족하고 행복한 삶은 감각적이고 본능적인 삶이 아니다. 감각과 본능의 욕구는 우리를 속이는 거짓된 나 바로 제나이다. 제나를 버릴 수 있다면 우리는 행복하다. 제나를 벗어나 맘나를 추구해보자. 제나를 벗어나보면 자연스럽게 마음인 얼나를 추구하게 된다.

당신의 인생에서는 무엇을 추구하는가에 따라 성과물도 달라진다. 요즘 음식점에 가면 제나로 충만된 모임들이 많다. 음식점마다 '아줌마'들로 넘쳐난다. 아줌마들의 먹자 계는 너무나 많다. 먹자 계는 한두 개가 아니다. 아이들 친구 엄마 계, 동창 계, 동호회 계 등등 식욕의 욕심으로 가득 차 있다. 공부를 하거나 기도하다가도 친구의 점심 제안에 하던 공부를 멈춘다거나, 기도보다 먹는 것에 관심을 갖는다면, 당신은 아직도 제나에 이끌려서 사는 사람이다. 김치에 찬밥을 혼자서 말아 먹더라도 인생 공부와 마음수양을 선택한다면 당신의 맘나가 제나를 누르고 승리한 상태이다.

나는 아니겠지, 나는 아니겠지 하더라도 우리 인간은 이토록 본능적 욕구에 민감하고 동물처럼 끌려 다닌다. 제나보다는 맘나를 추구하는 사람은 입의 만족보다는 마음의 밥에 더 민감하다. 먹는 기쁨보다는 이성과 통찰을 기뻐하고 정신의 만족을 양식 삼아 살아가는 자이다.

제나보다 중요한 것이 얼나이다. 이 세상에는 세 가지 일이 있다. 본능적인 일은 저절로 알게 되는 일에 해당된다. 배워서 아는 일, 힘쓰고 애써서 찾아야 하는 일이 있다. 본능에 해당하는 일은 저절로 알게 되는 일이고, 배워서 아는 일은 공부, 즉 이성을 연마하는 일이며, 힘쓰고 애써서 찾아야 하는 일은 영적인 일 얼나로 다시 태어나는 것이다. 얼나, 즉 영나가 진정한 참 자아인 것이다. 우리가 평생 만족하고 행복하려면 영나의 참자아를 찾아야 한다.

얼나를 찾기 위해서는 제나, 즉 육체의 소욕을 버리고 마음이 시키는 일에 민감해져야 한다. 얼과 영을 만나는 일은 창조주의 뜻을 아는 길이며, 나만이 할 수 있는 소명을 찾는 길이다.

헤르만 헤세의 기도라는 시를 보면 헤세가 얼마나 마음 자아가 확장되길 원했는지 절절히 느껴진다. 제나가 송두리째 부서지고 가슴이 시키는 일에 순응하다 보면 영적인 나에 눈뜨게 된다. 기도라는 시를 마음을 열고 마음의 눈으로 들어본다.

하나님이시여 저를 절망케 해주소서.
당신에게서가 아니라 나 자신에게 절망하게 하소서.
나로 하여금 미혹의 모든 슬픔을 맛보게 하시고,
온갖 고뇌의 불꽃을 핥게 하소서.
온갖 모욕을 겪도록 하여 주시옵고,
내가 스스로 지탱해 나감을 돕지 마시고,
내가 발전하는 것도 돕지 마소서.

그러나 저의 제나가 송두리째 부서지거든 그때 나에게 가르쳐주소서.
당신이 그렇게 하셨다는 것을.
기꺼이 멸망하고 기꺼이 죽으려고 하오나 그렇게 할 수 없음은,
나는 오직 당신의 품속에서만 죽을 수 있기 때문입니다.

26
정직함으로 나아간 사람

진정으로 안다는 것은 아는 것은 안다고 하고 모르는 것은 모른다고 하는 것이다. 주지하듯이 이 말은 그리스의 현자라고 신탁을 통해 결정되어졌던 소크라테스와 고대 중국의 위대한 스승 공자가 공간을 초월하여 공감하고 똑같이 선포한 말이다.

요즘 큰 병폐는 무엇인가? 배운 자들이 고칠 수 없는 병이나 사회 문제에 대해 애매모호한 진단을 한다는 것이다. 전문가 진단, 즉 전문가로서 모른다는 말을 하자니 위신이 안 서고 그렇다고 솔직하게 모른다고 말할 용기도 없다. 예나 지금이나 솔직함은 용기를 수반한다.

융은 프로이트의 제자였으나, 시간이 흐를수록 그와 학문적 관점이나 인생관에서 다름을 알고 독자적인 노선을 걸어간다. 융은 의사로서, 심리학자로서 안다는 것과 모른다는 것에 대해 솔직한 인식과 시인을 한 사람이다. 그의 일화를 예를 들어보면 그의 솔직한 용기가 새삼 가슴으로 느껴진다. 배운 사람들의 솔직한 진단과 진솔한 자기 능력을 자가 진단했으면 한다.

이 세상 어떤 의사도 모든 병을 완벽하게 다 고칠 수 없다. 겸손하게 자신이 할 수 있는 부분과 할 수 없는 부분에 솔직히 시인하는 태도가 정말로 필요하다. 1930년대 미국의 성공한 사업가인 롤랜드 H라는 사람이 있었다. 그는 사업에서 오는 스트레스를 한 잔 술로 달래고 있었다. 그러나 그러한 습관이 십 년이 지나고, 이십 년 가까이 다가오자, 그의 코는 딸기코로 변했고, 그의 손은 미세하게 떨려서 물컵을 들 수 없을 정도가 되었다. 그는 자신의 병을 직시하기로 결정했다. 병원에 입원도 해보고 다른 방법을 적용해보았지만 알코올에 대한 의존성만 더 높아갔다. 사업가는 우연히 '융'이란 사람, 프로이트의 제자 이름을 듣게 되었다. 그는 유럽 스위스에 있는 정신과 의사였다. 사업가는 융에게 찾아가기로 결정했다. 융은 이 사업가를 일 년 정도 치료해서 진전이 있었다. 그러나 그는 곧 재발했다. 롤랜드는 스위스로 돌아가 융에게 치료를 다시 해달라고 부탁했으나 융은 겸손하게 이렇게 말했다고 한다. "내가 가지고 있는 과학이나 예술로 당신을 도울 수 없지만, 역사적으로 볼 때 자기 생각을 버리고 영적 조직이나 신의 가호에 모든 것을 맡기게 되면 드문 일이지만, 회복의 기적이 찾아오기도 한다." 롤랜드는 융의 말에 크게 실망했지만, 융의 전문가 진단에 따른 조언을 충실히 이행했다. 롤랜드는 영적인 원칙을 준수하는 알코올중독 모임에 가입하고 알코올중독을 치료받는다. 건강해진 롤랜드는 그의 친구인 알코올중독자 에드윈에게 선한 영향력을 미쳐 자신의 방법대로 치유받게 한다. 롤랜드의 친구인 에드윈이 완전히 치유받자 자신의 치유방법을 알코올중독자 빌에게 전한다. 그러나 무신론자인 빌은 에드윈의 조언을 받아들이지 않다가 병이 깊어져서 체념의 순간 거룩한 경험을 하게 되어 치유받게 된다. 빌의 영적 체험은 유명한 심리학자인 윌리엄 제임스 ≪종교적 경험의 다양성≫에 소개되었다. 후에 빌은 전 미국 자조운동의 창시자로 지목되는 영광도 갖게 되었다. 꼬리에 꼬리를 무는 알코올 의존성의 치유는 융의 솔직한 전문가 진단에서 비롯되었다. 이때 만일 융이 사사로운 욕심이나, 환자에 대한 독점욕으로 롤랜드를 데리고 있었다면 알코올 의존증도 고치지 못하고 환자에게 불행한 일이 일어났을 것이다. 그러나 융은 현명한 의사이고 학자였기에 자신의 능력 밖의 일임을 자각하고 솔직한 조언을 한 것이다. 전문가 반열에 오른 사람들은 자신의 능력에 대한 환상이 있다. 그중에서 가장 범하기 쉬운 오류는 '자기 과신'이다. 박사이고 전문가라고 해도 모르는 부분이 있고 부분적으로 인식한다는 것을 인정할 때 사고의 위험은 훨씬 감소한다.

전문가라고 인정하고 학위를 받은 것은 상대적으로 많이 인식하는 것이지 우주의 절대자 앞에서는 감히 안다고도 말할 수 없는 지식들이 대부분이다. 그런 부분에서 융은 지혜롭고 겸손한 사람이다. 아는 것은 안다고 말하고 모르는 것은 모른다고 하는 것이 이것이 진실로 아는 것이다. 신경시냅스가 불이 켜지고 꺼지는 것과 같은 반응을 하듯이 '앎'의 가장 기본적인 형태는 예, 아니오의 형식을 취한다. 이때 선한 학자들은 가슴이 시키는 소리에 귀를 기울인다.

자신의 능력 밖의 일들에 대해서는 "네, 저는 그것을 모릅니다"라고 하거나 최소한 침묵해야 한다.

27

인생은 '무엇이 중요한지' 추구하는 과정이다

역사적으로 볼 때 참다운 스승들은 동일한 말을 했다. 그 말은 높은 끌개를 가져다 쓰려는 사람은 낮은 끌개를 버리라는 것이다. 육체적인 욕망과 본능적인 요소에 민감하다 보면 정신적이고 마음의 양식을 먹을 준비가 되지 않는다. 책은 마음의 양식으로서 육체적인 먹거리보다 중요하다. 그러나 미성숙한 사람들, 정신적 진화를 거치지 않은 사람들은 정신과 마음의 배고픔을 잘 인지하지 못한다. 정신과 얼이 죽어 있기에 그들은 배가 고픈지, 아픈지도 모르는 것이다. 그들은 마음의 감각세포가 죽어 있다.

높은 끌개는 정신이다. 낮은 끌개는 육체적인 소욕으로서 소유하려는 욕심, 싸움, 음행의 욕망들이다. 이런 육적인 것들에 마음을 빼앗기다 보면 정신적인 기쁨 나아가 영적인 기쁨은 감각이 무디어진다. 우리 인생은 연속선상 중 어딘가에 있는 성장과정이다. 인간은 과거를 반성하고 미래를 조망하고 현실의 삶을 살아가는 정신적이고 영적인 존재들이다. 그런데 욕심과 권력싸움, 육적인 음행에 묻혀 살아간다는 것은 너무나 공허하다. 우리 인간은 하늘을 우러르고 창조주를 생각할 수 있는 영적인 눈이 있는 존재들이기에 새의 눈을 가져야 한다.

벌레의 눈을 가진 자는 땅의 일만을 생각하고 새의 눈을 가진 자는 정신적이고 영적인 일들을 생각한다. 인생에서 무엇을 원하고, 추구하고, 만족하는지에 따라 그의 습관과 성격구조가 결정된다. 어떤 사람들은 주는 것에 만족하고, 어떤 사람들은 소유하는 것에 만족하고, 어떤 사람들은 지위를 얻는 것에 만족한다. 이들이 추구하는 것들이 이들의 성격이 되는 것이다. 성숙한 사람들의 특징은 독립적이고, 주는 것에 익숙하고 이것에서 만족과 기쁨을 느낀다. 아직도 남편과 늙으신 부모님에게 받는 것이 더 행복하다면 그녀는 아직도 미성숙한 사람이다. 몸만 어른이다. 줄 수 있을 때 더 만족하고 행복하다. 그러나 그것이 물질을 넘어서 정신적인 것과 영적인 것이라면 더 값진 것을 주는 것이다.

성숙한 부모들은 자녀에게 육적인 양식에 더하여 정신적인 마음의 행복을 선물한다. 긍정적인 자아인식만큼 훌륭한 인생자본도 없다. 인생의 파도를 거뜬히 헤쳐 나갈 자양분은 대부분 정신적인 보약들이다. 또한 마음의 선물은 어린 시절부터 창조주와 연결되어 있다는 존재가치와 인간으로서의 가치를 일깨워줄 수 있다면 그것은 인생최대의 자본이 될 것이다.

보이는 것들은 보이지 않는 것들에 의해 영향을 받는다. 이때 자신의 정신적인 가치와 마음의 가치를 인식하고 있는 사람들은 자신에 대한 성찰 능력이 자연스럽게 생긴다. 자신을 성찰한다는 것은 자신의 장점과 단점을 잘 알고 단점은 보완하고 장점을 더 성장시키는 것이다.

　현대인들이 소비에 매달리는 것은 내면의 정신적 공허와 혼돈 때문이다. 자신의 정신적 가치와 영적 가치에 대한 신념이 없기에, 참 나를 만날 수도 없고, 참 나를 거부한 채 보이는 것들에 미혹되어서 살아간다. 감각적인 세계는 거짓된 나로서 즉각 만족과 즉각 보상을 추구한다. 소비는 일시적, 감각적으로 만족한 것처럼 착각하게 만든다. 그러나 만족감은 대단히 찰나적이다. 또 다시 더 큰 소비를 부추긴다. 그러나 주체성 있는 물건 구매와 꼭 필요한 구매를 억제하라는 것은 아니다. 다다익선에 근거한 소비는 인간의 공허함을 반영한다. 거짓된 나는 소비하고 더 많이 가지라고 소리를 지른다. "그 명품만 가지면 넌 더 고귀하게 보일걸! 그 명품을 소유하면 고상함이 풍겨 나오게 될 거야." 거짓된 나는 자꾸만 제나를 자극한다. 정신적인 나와 마음의 나를 성장시키면 소비와 외적인 것에 더 이상 마음을 빼앗기지 않게 된다.

28

의식 수준만큼 현상이 보인다

정신과 육체가 건강하고 싶다면 긍정적인 태도를 키우고 습관화하면 된다. 반면 부정적인 태도와 습관은 정신의 우울증과 육체의 병을 불러오게 된다. 정신의학의 관점에서 보면, 긍정적인 태도는 복지의 감정이고 부정적인 태도는 응급의 감정으로 분류된다. 응급의 감정에 오래 머물게 되면 정신적, 감정적, 질병에 걸리기 쉽고, 장기적으로 가게 되면 육체의 질병을 부르기도 한다. 가장 주목할 점은 부정적 태도가 창의적인 잠재력을 약화시킨다는 것이다.

우리의 의식 수준만큼 현상이 보인다. 무엇보다도 우리의 마음을 지켜 공허와 혼돈 그리고 부정적 의식과 태도를 개선해야 하는 일은 자명한 일이다. 좀 더 쉬운 이해를 돕기 위해 거리의 거지에 대한 생각과 느낌이 의식 수준에 따라 어떻게 달라지는지 알아보자. 의식 수준은 인간의 감정과 행동에 직접적으로 영향을 미친다. 의식 수준이 각기 다른 사람들이 거리의 거지를 어떻게 보고 대하는가를 살펴보자. 20룩스 수치심의 의식 수준에 있는 사람은 그 거지는 더럽고 추한 존재이며 그를 만약 아는 사람이라면 가족이나 친척이더라도 그는 아주 창피한 존재로서 없어져 버리는 것이 마땅하다고 간주한다. 30룩스 죄의식의 의식 수준에 있는 사람은 그 사람을 비난하고 사회의 복지 혜택에 의존해서 사는 사람으로 단죄한다. 50룩스 무기력의 수준에 있는 사람은 거지를 스스로 자기를 포기한 실패자로 보고 사회복지에 대해 절망한다. 75룩스 슬픔에서는 거지를 비극적이고, 외로운 사람으로 본다. 100룩스의 두려움 의식 수준에 있는 사람은 거리의 거지를 범죄자와 비슷한 얼굴과 외모를 찾기 시작하고 그와 되도록 멀리 떨어지려고 한다. 125룩스의 욕망 의식 수준에 있는 사람은 거지를 대할 때 이 거지를 이용해서 자신이 얻을 이익을 계산하며 대한다. 150룩스의 분노의 의식 수준에서는 거지가 폭력을 저지를 것이라고 생각하고 불안해하면서 거지가 자신에게 조금이라도 불편감을 준다면 신체적인 공격을 할 수도 있다는 마음으로 대한다. 175룩스의 자존심 수준에서는 그를 마음속으로는 경멸하지만 행동으로는 과장되게 먹을 것을 던져주거나 돈을 줄 수도 있다. 자존심, 분노, 욕망, 두려움, 슬픔, 무기력, 죄책감, 수치심의 의식 수준에 있는 사람들은 사물과 상황에서 외면밖에 볼 수 없는 사람들이다. 그들의 사고는 대부분 한정적이고, 자기중심적이다. 진정한 의미에서 그들의 행동은 이타적인 될 수 없다. 이들은 진정한 의미에서 어른이 아니다. 그들의 육체는 비록 어른일지 몰라도 이러한 부정적 의식을 핵심의식으로 사용하기에 어른의 육체이지만 마음은 아이인 사람들이라고 볼 수 있다. 용기 이상의 의식을 가진 사람들만이 상황에 휘둘리지 않고 진정한 상황의 안으로 들어가서 타인의 관점으로 생각할 수 있는 사람들인 것이다. 이들만이 외면도 내면도 진정한 어른인 것이다. 200룩스의 의식인 용기를 핵심의식으로 쓸 수 있는 사람들은 그 거지에게 그렇게 될 수밖에 없었던 사연이 있을 거라고 생각하고 힘을 주는 말을 하게 된다. 250룩스 중립의식을 핵심의식으로 쓸 수 있는 사람은 그 거지를 믿을 수 있게 되고 지속적인 도움행동을 하게 되고 오고 가면서 아는 지인의 영역으로 받아들인다. 310룩스의 자발성의 영역에 올라선 사람은 그 거지에게서 가능성과 희망을 발견하고 친절하게 도움행동을 준다. 350룩스의 포용의 핵심의식에 있는 사람은 자아의 확장으로 일어난 책임감으로 그 거지에게 마음에서 우러나오는 이타행동을 지속적으로 할 수 있다. 400룩스의 이성이 핵심의식인 사람들은 이 거지를 보고 그가 그렇게 된 과거의 역사를 알게 되고, 그렇게 된 문제에 대해 해결할 수 있는 방법을 제시하게 된다. 그리고 그 거지가 된 그 사람의 습관을 바꿀 것을 제안해준다. 거지의 상태를 벗어날 방법과 목표를 설정해주어 다른 인생을 살 수 있도록 해준다. 500룩스 사랑이 핵심의식인 사람들은 그 거지 안에 숨어 있는 인성과 신성의 가치를 발견하고 그를 있는 그대로 사랑할 수 있는 사람들이다. 사랑의 사람들은 거지에게서 무한한 잠재력과 숨어 있는 재능을 발견하여 거지를 있는 그대로 사랑하며 그의 진보를 지원하며 함께 공유할 수 있다. 540룩스 기쁨을 핵심의식으로 가진 사람들은 모든 상황과 모든 사람에게 감사하는 사람이다. 거지에게서도 감사할 것을 찾아내어 그와 함께 기뻐하며 존재 자체에 대해 축복할 수 있다. 그는 거지와 함께 점심을 먹으며 기뻐하고 감사할 것이다. 거지는 기쁨을 가진 사람에게 입자와 파동으로 영향을 받게 되고 자신도 모르는 사이에 기쁘고 신나고 즐겁게 살게 된다. 600룩스 평화의 의식 수준에 있는 사람들은 거지는 나와 하나라는 입장에 서게 된다. 커다란 지구라는 공간에 한 시대에 태어난 한 형제라는 마음을 갖고 있기에 그를 아끼고 보호하게 된다. 거지 한 명이 진정으로 나와 같이 하나라고 생각될 때 이것은 감정이고 행동이 되어 인류에게 커다란 파장을 미치게 된다. 700룩스의 깨달음의 의식 수준을 가진 사람은 신의 택함을 받은 선지자만이 가질 수 있는 의식이다. 이 의식을 핵심의식으로 사용할 수 있는 사람은 예수였다. 예수님을 통해 깨달은 제자들은 기도를 통해서 이 의식에 도달할 수 있었다. 의식의 밝기 700룩스의 예수님은 거지를 볼 때 그가 말하지 않아도 그의 모든 인생을 다 알 수 있고, 그를 붙잡고 있는 마음의 감옥을 벗어나게 할 수 있다. 그의 핵심의식의 부정적인 부분을 상위 의식으로 끌어올려줄 수 있었다.

29

인생은 문제해결이다

　옛날 어느 고을의 한 선비가 과거를 보러 한양으로 출발하였다. 가는 도중 산에서 길을 잃게 되었는데 마침 어스름한 불빛이 눈에 띄어 그곳으로 걸어가니 다 쓰러져 가는 초가집 한 채가 있는 것이 아닌가? 선비는 주인을 부르는데 눈빛이 사나운 처녀가 나온다. 선비는 자신의 처지를 설명하며 하룻밤 유할 것을 청하자 처녀는 흔쾌히 허락하며 소박한 저녁상까지 준비해서 차려준다. 선비는 시장한 처지라 꿀같이 단 저녁상을 물리고 달콤한 잠에 빠졌는데, 비몽사몽간에 칼 가는 예리하면서도 무시무시한 소리가 들린다. 쪽문으로 살짝 열어보니 눈빛이 사나운 그 처녀가 달빛에 칼을 갈며 선비가 있는 방을 쳐다보는 것이 아닌가? 선비는 너무도 무서워 입은 옷 그대로 문을 열고 줄행랑을 쳤다. 눈빛이 날카로웠던 처녀는 사람으로 둔갑한 여우였던 것이다. 마침 절이 보여 그곳으로 들어갔는데 설사가상으로 그곳에 있는 남자 세 명은 아까 그 여우의 아들들이었다.

"괘씸한 놈 감히 어머니의 먹잇감 주제에 도망을 쳐! 너 잘 걸렸다." "오늘은 배가 부르니 절 창고에 가두어 놓았다가 내일 잡아먹어야겠다." 하며 절에 있는 창고에 가둬 놓는 것이었다. 선비는 창고에서 생각을 했다. '글깨나 읽은 내가 여우에게 당할 수는 없다. 무슨 좋은 방법이 없을까?' 곰곰이 연구를 하고 있는데 마침 창고 벽이 흙이었다. 이 흙벽은 물에 약한 터였다. 선비는 여우 아들들에게 죽기 전에 소원이 있다고 말한다. 그것은 물이나 실컷 마시게 해 달라는 것이었다. 여우들은 선비의 소원을 듣고 마지못해 물 한 동이를 갖다 준다.

선비는 물로 흙벽을 축여 구멍을 뚫는다. 아뿔사! 마침 흙벽 아래는 절벽이고 절벽 중간쯤에는 불행 중 다행으로 소나무가 버티고 있었다. 선비는 마침내 결단하고 흙벽으로 몸을 내밀어 절벽의 소나무에 간신히 뛰어 내린다. 이제는 소나무에서 땅으로 내려 뛰는데 마침 지나가던 호랑이 몸에 떨어지고 만다. 설상가상 여우와 여우 아들들을 피하려다 호랑이를 만나는 것이다. 어미 호랑이는 죽은 척하는 선비를 자신의 굴에 던져 넣고 어디론가 사냥을 나간다.

선비가 실눈을 뜨고 보니 새끼 호랑이 몇이 있기에 있는 힘을 다해 새끼 호랑이를 죽이고 굴에서 나온다. 도망친 선비를 뒤쫓던 여우들이 호랑이 굴 앞에서 선비를 기다리고 있었다. 선비는 여우를 피해 나무 위로 급히 올라갔는데 이때 마침 어미 호랑이가 오고 어미 호랑이는 자신의 새끼 호랑이를 헤친 것이 여우들이라고 오해하고 여우들을 다 죽여 버린다. 선비는 모든 문제를 해결하고 무사히 한양으로 올라가 과거에 급제한다는 이야기이다.

이 스토리가 우리 인생에 함의하는 바는 자못 크다. 우리 인생은 무엇인가? 자신이 원하지 않았는데 엉킨 실처럼 문제투성이다. 그런데 이러한 문제 앞에 선비는 자신이 배운 지혜를 다 동원하고 있다는 점이다. 두 번째는 오뚝이같이 벌떡 일어난다는 점이다. 늘 문제에 함몰되기보다는 문제의 긍정적인 측면에 초점을 두는 것이다. 시도한 것에 대해 성공이 불확실할 때에도 시도할 수 있다는 것은 대담함과 용기가 전제되어야 가능하다.

젊은 선비는 여우와 여우 아들들, 흙벽, 절벽, 호랑이굴을 만난다. 다섯 고개와도 같은 문제를 한꺼번에 겪는다. 그러나 이때마나 좌절하고 낙망한 것이 아니라 자신의 정보를 토대로 지혜와 기지를 발휘한다.

중년 부인의 긍정심리 상담을 하고 있는데 우리네 인생도 이와 마찬가지이다. 그녀의 삶이 여우를 만난 사나이처럼 설상가상이다. 살 만하니 친구로부터 사기를 당하고, 남편은 바람을 피우고, 아이는 인터넷 중독이 되고, 참으로 문제투성이다. 그러나 엄마로서 긍정심리를 실천하며 자기 자리에서 최선을 다하는 그녀를 보면 참으로 대단하다는 생각이 든다. 모든 문제에 시간이 걸리겠지만 경제문제도 회복될 것이고 남편도 제자리로 돌아오고, 자녀도 인터넷 중독에서 치유되길 바라는 마음이다. 우리가 할 수 있는 것은 사실상 아무것도 없다. 다만 어머니가 자기 자리에서 최선을 다하고 선한 파동과 영향력을 줄 수 있다면 남편도 그 사랑과 그 헌신에 뉘우치고 돌아오리라 믿어본다.

인생의 문제는 한꺼번에 닥치기도 한다. 그렇기에 더 정신을 차릴 수가 없을 때도 있다. 우리 인간은 한계와 부족분을 가지고 있다.

중년 부인은 그동안 가정을 정신적 안전기지로 안락하고 따뜻하게 만들지 못한 점이 있지만 모든 책임을 다 중년 부인에게만 넘길 수는 없다. 남편도 자녀도 좀 더 자신의 도덕 가치를 다시 한 번 점검해보아야 하리라. 결국 인간은 개체로서 자신을 독립성 있게 가꿔나가야 하기 때문이다. 아내가 외롭게 해서 바람을 피우고, 엄마가 내 말을 존중하지 않아서 인터넷에 의존하게 되었다는 것은 한 인간으로서 자기 성장권을 포기하는 것이나 마찬가지이다. 구조적인 가족의 역기능적인 측면도 있겠지만 가족 구성원 한 명 한 명의 성숙한 행동양식이 필요하다. 중년 부인의 중심 잡기와 긍정적인 문제 해결이 절실히 필요하다. 그녀는 사기를 당하고 남편과 자녀가 속을 썩여도 긍정에 대한 시각을 잃지 않은 것이 다행이다. 우선 그녀가 바로 선다면 남편도 돌아올 가능성이 있다. 그녀의 인생이 해피엔딩이었으면 좋겠다.

30
부부관계는 노력의 산물이다

제레미 테일러는 ≪결혼반지≫에서 이렇게 말했다.

"호머는 남편의 의무에 여러 가지 좋은 이름을 붙인다. 남편은 아내에게 아버지이자 어머니이자 오빠가 되어야 한다. 그렇게 하지 못하면 아내의 결혼생활은 고아로 있는 것과 다를 바 없다. 왜냐하면 아내는 남편을 위해 아버지와 어머니와 오빠를 떠났으므로, 남편이 이 모든 역할을 해주지 못하면 부모 없는 불쌍한 아이처럼 불행해지기 때문이다."

필자도 신혼 초에는 남편이 변해주길 바라면서 늘 요구사항을 나열했다. 심리적 요구사항들은 위의 내용과 비슷했다. 결혼생활의 환상이 깨지고 현실을 직시하면서 필자는 내가 남편에게 먼저 주므로 받을 수 있다는 것을 깨닫게 되었다. 남편 입장이라면 이런 아내를 바랄 것이다.

"아내의 의무에 여러 가지 좋은 이름을 붙여본다. 아내는 남편에게 부모이자, 누나이자, 여동생이 되어야 한다. 그렇게 하지 못하면 남편의 결혼생활은 고아로 있는 것이다. 왜냐하면 남편은 아내를 위해 부모와 누나와 여동생을 떠났으므로, 아내가 이 모든 역할을 해주지 못하면 부모 없는 아이처럼 불행해지기 때문이다."

아내들이여! 먼저 줌으로써 남편이 기쁨으로 줄 것이다. 스스로 원해서 하도록 하려면 먼저 베푸는 것이 최고의 방법이다. 겨울철 우리를 따뜻하게 하는 난로도 먼저 장작을 주어야 불을 일으킬 수 있지 않은가? 또한 재래식 펌프도 마중물을 넣어주지 않던가?

창조주께서 남녀를 창조할 때 여자를 돕는 배필로 창조하였다. 남자들은 한 가지 일을 하면서 다른 일을 동시에 하지 못한다. 그러나 여자는 두뇌 특징상 좌뇌와 우뇌를 연결하는 뇌량의 신경다발이 남자에 비해 두껍다. 그래서 여자들은 전화를 받으면서 두 가지 이상의 요리를 잘할 수 있다. 남자들은 멀티 플레이가 불가능하다. 한 가지에 집중하면 옆에 있는 것을 배려할 여유가 없다. 중년 남성들은 경험과 배움으로 조금 나아지기도 하지만 기대하면 실망만 커지니 그러려니 하고 마음을 접는 것이 우리 여성들의 정신건강에 좋다.

남편의 친절한 장점만 보고 주위에서는 남편에게 많은 관심과 배려를 받는 아내로 오해를 많이 받는다. 대부분 엄청 행복하고, 심리적, 정신적으로 완벽한 부부라고 오해하기 쉬운데 우리 부부도 서로를 리모델링 과정 중이다. 물론 필자가 양적, 질적으로 더 많이 변해서 남편이 조금 부담스러워한다. 본인이 아내의 변화에 못 따라주므로…… 한때는 필자도 이혼을 잠시 고려한 적이 있었다. 하지만 친정엄마는 절대로 받아들일 수 없다고 했다. 우리 집안에 이혼은 없다고 하였지만 이미 동생이 스타트를 끊었고 이때도 어머니는 거의 실신 상태였다. 나마저 불효를 저지를 수는 없었다. 다행히 개척론과 운명론에서 균형을 잡았고 아이들과 남편을 위해서 내가 더 적극적으로 의식 수준을 높이고 마음그릇을 넓히기로 결심했다. 남편이 나의 셋째 아이라고 생각한다. 다행인 것은 경제를 책임지는 기특한 셋째 아이임이 감사할 뿐이다.

나의 남편은 전형적인 분지형 춘천 남자이다. 군대 생활을 제외하고는 춘천에서 벗어나지 못하다 보니 참 고정관념이 강하다. 전형적인 안전주의자에 현실 안주형이다. 어떤 때는 천하태평인 남편에게 맞추다보니 복장 터질 때가 한두 번이 아니다. 남편이 애처롭게 보이는 것은 고정관념으로 인해 사고의 확장이 어려워진다는 점이다. 그리고 편견으로 인한 정신적인 고립은 한 사람의 얼굴을 어둡고 칙칙하게 만들었다. 요즘 제 나이로 보인다는 말을 하는 것은 사실 나이 들어 보인다는 것을 빙 돌려 말함을 남편이 알고 있는지 모르겠다. 남편의 얼굴은 사실 제 나이로 보인다. 그 사람의 의식이 그 사람의 얼굴에 고스란히 반영되기에 참 애처롭다는 생각이 든다.

하지만 결혼생활의 바람직한 적응을 위해 남편의 장점을 줌인 클릭해본다. 남편은 참 사소한 것에 만족하는 사람이다. 뭐 그런 남편이 편하고 자연스러워서 결혼을 결정했다. 지금은 남편이 행복해하는 것을 보면 나도 행복하다.

남편이 산행 갔다가 오는 길에는 손에 나에게 줄 무언가가 있다. 봄에는 오디, 여름에는 산딸기, 가을에는 각종 열매, 국화와 나뭇잎, 겨울에는 약수를 준다. 남편식 사랑표현은 서툴지만 자연스럽다. 그는 나에게 자연을 선물한다. 나의 남편은 나에게 '세로토닌' 같은 휴식과 평화를 준다. 때로는 역동성이 없어 심심하지만 내가 세상공부와 마음공부를 할 수 있게 하는 외적인 힘을 실어준다. 남편의 단점을 줌인하면 마음이 불편해진다. 단점은 있는 그대로 수용해주고 장점을 줌인하는 것이 행복의 비결이다. 남편에게 부드럽게 권고할 수는 있지만 타인을 바꾸는 것은 어려운 일이다.

31
즐길 수 있는 일에 집중한 정약용

정약용은 전라도 강진에서 유배생활을 할 때 의식주 문제로 고통받고 있었다. 유배지에 있는 죄인의 몸이라 먹는 것 입는 것이 여의치 않았다. 그럼에도 그는 학문을 게을리하지 않았고 학문하는 중간 중간 마음을 다스릴 여덟 가지 취미생활도 하였다. 어디에서 그런 여유가 생기는 것일까? 그는 아무리 어려운 조건과 상황 속에서도 고통 너머에 희망을 볼 수 있는 긍정적인 사람이었다. 그의 취미는 자연과 벗하며 현실의 시름을 잊는 것이었다. 그 취미를 살펴보면 자연 속에서 아름다운 정취를 느껴볼 만한 것이다. 그의 취미유형은 바람 읊조리기, 달 구경하기, 구름보기, 비 바라기, 산에 오르기, 물가에 가기, 꽃 심기, 버드나무 완상하기이다.

요즘에는 돈이 있어야 취미생활도 할 수 있다고 생각하는 현대인들에게 이러한 정약용 선비의 취미생활은 낯설고 그래서 신선하기까지 할 것이다. 아름다운 자연물을 마음껏 취할 수 있었던 신선 같은 사람 정약용! 돈 없이도 행복해질 수 있는 방법을 터득했던 것이다. 행복은 우리 마음속에 있는 것이 아니었던가?

긍정적인 사람은 즐길 수 없는 것에 마음을 빼앗기거나 욕심을 부리지 않는다. 오히려 소박하고 작은 것에서 즐거움을 느끼고 만족감을 느낀다. 정약용이 즐긴 소박한 즐거움을 우리도 느껴볼 수 있지 않은가? 정약용의 여덟 가지 취미 중 "버드나무 완상하기"는 그중 마음속에 울림이 크다. <천 가지 만 가지 버드나무는 가지가지 초록빛 봄을 만났네. 가지가지 봄비에 젖으면 가지가지 사람의 맘을 졸이네>.

정약용의 언어 창고에서 가지가지는 참으로 좋은 시어가 되었다. 부정적인 사람들은 가지가지라는 언어도 비판하는 의도로 많이 사용한다. 예를 들면 "가지가지 한다"라고 부정적인 느낌이 강하게 온다. 그러나 정약용은 뛰어난 시적 감각으로 '가지가지'라는 시어로 계속 반복되는 운율을 만들어내었다. 뛰어난 언어 조탁능력을 소유한 분이다.

요즘 우리나라 사람들의 대부분 많은 소유물에 입을 것, 먹을 것, 마실 것 등 의식주 걱정 없이 살아간다. 그럼에도 점점 더 마음에서 삶에 대한 긍정성을 잃어간다. 작고 사소한 것에 만족할 수 없는 사람들은 큰 것을 주어도 만족하는 법이 없다. 왜냐하면 정신은 눌리기 쉽고, 욕심은 지나치기 쉽기 때문이다. 정약용은 정신이 눌리지 않기 위해 학문을 게을리하지 않았으며, 평생 입을 것, 먹을 것 등의 육체적 욕심을 경계하고 또 경계하였다.

정약용은 정신의 혼돈과 공허를 학문과 긍정적인 마음 다스림으로 해결하였다. 그의 글을 읽어보면 늘 자신의 처지를 비관하지 않고, 자신이 지금 할 수 있는 일, 즐길 수 있는 것에 집중하였다. 과거를 회상할 때도 있었지만, 현실을 비관하지는 않았다. 그는 자신의 상황에서 할 수 있었던 학문에 집중했기에 자신의 비극적인 현실을 극복할 수 있었다. 무엇에 집중할 수 있다면 내적 질서를 창조하고 이동용 소우주를 가지고 있는 사람이다. 혼돈과 공허를 극복할 도구를 가지고 있다는 것이다. 여가생활에서도 그의 긍정적인 시각이 묻어나온다. 그는 초긍정적인 사람이었다.

현대인들의 여가생활은 돈과 불가분의 관계를 갖는다. 돈 없는 여가와 돈 없는 문화생활은 상상하기 힘들다. 그러나 진정 우리에게 필요한 것은 무엇인가? 인테리어로 다듬어진 장소와 값나가는 물건들로 치장한 환경이 중요한가? 아니면 무엇이든지 아름답게 걸러서 볼 수 있는 마음가짐이 부족한가? 생각해볼 일이다. 진정한 발견은 눈이 번쩍 띄는 장소를 찾아 나서는 데 있는 것이 아니라 지금까지 눈이 아닌 새로운 눈으로 바라보는 열린 마음이 더 중요하다.

현대인들은 즉각적 만족과 즉각적 보상에만 만족해 있다. 그러나 진정한 여가생활이란 오히려 내적 행복과 만족에 있다. 마음이 불안하면서 맛있고 빛난 것들에 취해 있다면 심령의 근심으로 뼈를 마르게 할 뿐이다. 장소가 어디이든 마음가짐이 진정한 여가의 중심이다.

32

네 가지 선택적 상황

세종이 죽은 후 문종이 즉위하고 얼마 안 있어 병으로 세상을 떠나고 만다. 나이 어린 아들이 왕으로 즉위하였는데 이 왕이 바로 어린 단종이다. 어린 단종의 왕위 찬탈을 계획하고 서서히 욕망의 단계에 따라 왕위에 오른 인물이 바로 단종의 삼촌인 세조이다. 열 길 물속은 알아도 한 길 사람 속은 모르는 일이다. 정치적, 심리적 후견인에서 왕위 찬탈 기간까지 몇 년이 걸리지 않았다. 어린 단종은 정신적인 트라우마, 심리적 불안, 운명의 가혹함 속에서 생을 마감했다. 이런 정치적 상황 속에서 지식인이었던 김시습의 행동의 방향성은 참으로 우리에게 고무적인 길을 제시한다. 우리가 상황 속에서 어떤 일을 결정할 때에는 4가지 선택적 상황에 놓이게 된다. 그것은 그 일이 가치 있는 일인가, 나에게 이익이 있는가의 교차적인 대입 관계를 형성하는데 첫 번째 상황은 그 일이 가치 있고 정의로우면서 나에게 이익이 되는 것이다. 두 번째 상황은 그 일이 가치 있고 정의로운데 나에게 이익이 없는 것이다. 세 번째 상황은 그 일이 옳지 않은데 나에게 이익이 온다는 것이다. 네 번째 그 일이 도덕적으로 옳지도 않고 이익이 없다는 것이다.

김시습은 어떤 사람이었고 그는 어떤 유형이었을까? 세조가 왕위를 찬탈할 당시 김시습은 절에서 공부를 수행하고 있었다. 그는 어지러운 현실과 정치적 상황 속에서 그의 행동을 결정해야 했다. 그의 행동의 방향성은 이미 결정된 듯하다. 그는 두 번째 상황을 선택했다. 그 일이 가치롭고 정의로운데 나에게 이익이 없는 것이다. 그는 부도덕한 현실과 타협하지 않고 자연을 느끼고 그 느낌을 글로 풀어내는 작가가 되었다. 만일 그가 현실과 적당히 타협하면서 비도덕적인 일을 선택하고 자신만의 이익을 추구한 사람이었다면, 금오신화 같은 한문소설과 많은 시들을 일궈내지 못했을 것이다. 현실에서 만족할 만한 성과를 내지 못한 사람은 허구의 세계에서라도 내적 질서를 확립하고 싶어 한다. 금오신화는 현실의 집을 튼튼하게 지을 수 없었던 그의 한스러움이 승화된 작품이다. 한의 역동성, 그래서 작가는 아파하는 사람이다. 아파하지 않고 어찌 글이 나올 수 있단 말인가? 시대를 아파하고, 먼저 느끼고 아는 사람은 공감자가 없어서 절대적으로 고독하다. 그래서 그는 허구 속에서, 상상 속에서 집을 지었던 사람이다. 그는 비도덕적인 현실과 타협하지 않고 내면세계에서 내적 질서를 고안하는 도구로 글을 사용하였다. 그리고 그는 자연의 아름다움과 좋은 점을 걸러낼 수 있는 긍정필터를 형성한 사람이었다. 그의 시를 살펴보면 그의 내면의 안목과 자연에 대한 그의 철학을 짐작하게 된다.

공자는 사람을 네 가지 유형인 성인, 군자, 소인, 우인으로 분류하고 있다. 능력과 인품을 두루 갖춘 사람은 성인이고, 능력은 부족하나 인품에 덕이 있는 사람이 군자, 능력이 있으나 인품이 결여된 사람은 소인이고, 능력도 인품의 덕도 결여된 사람은 우인이다. 성인과 군자는 도덕적이고 가치 있는 일이 나에게 해가 되고 이익이 없다 해도 묵묵히 걸어갈 수 있는 마음의 힘이 있는 사람이다. 그리고 그러한 사명은 하늘의 에너지로부터 비롯된다.

우리는 살아가면서 여러 상황을 만나게 된다. 인생은 어쩌면 삶과 죽음 사이에 도덕적 선택이리라. 평생을 도덕적 선택에 의거해 살아간다는 것은 오류 하나 없이 살아간다는 것이다. 그렇게 살아갈 수 있는 사람들은 성인이리라. 그러나 우리는 사람이기에 매번 옳은 결정을 할 수는 없으리라. 그러나 몸부림치며 노력을 해야 하리라. 칸트는 우리에게 이런 말을 남겼다. 해야만 한다는 것은 할 수 있다는 것이라고……. 음미된 인생이란 도덕적 몸부림, 즉 성찰하는 삶이다. 행복은 가치 있는 것을 선택하는 결정에 달려 있다. 또한 행복은 주관적인 만족감이다. 비도덕적인 선택으로 평생 제나의 욕망을 채운 한명회가 행복했는지, 선한 양심의 대가로 주류에서 벗어나 아웃사이더로서 살아간 김시습이 행복했는지는 당사자만 알 수 있으리라. 김시습 같은 마음의 지도자가 있으면 좋겠다.

33

돈에 대한 관점 바로 하기

현대인들의 우상으로 등장한 것은 '머니'이다. 돈으로 할 수 있는 것들이 얼마나 많은가? 돈에 대한 가치관 정립이 중요한 요즘이다. 많이 버는 것보다 중요한 것이 절제에 대해 배우는 것이다. 필자도 이 부분에서 많은 실수와 오류가 있었음을 고백한다. 그래서 돈에 대한 올바른 가치정립이 절실하게 다가온다. 요즘은 매머니즘 문화가 곳곳에서 펼쳐진다. 온갖 시각을 유혹하는 물건들! 디자인 면에서 신상품에 마음을 빼앗겨 실생활에서 필요 없음에도 필요 이상으로 소유하게 부추긴다. 보암직하게 빛나는 디자인들이 사람들의 마음을 자극한다. 감각적 자극의 만족은 점점 더 새롭고 차별화되고 희귀할수록 고급스럽게 보인다. 물건에 마음을 빼앗기면 소비생활의 덫에 걸리게 된다. 특히 경제관념이 없는 어린이, 청소년, 주부들은 무조건 사야 마음이 놓이고, 이것이 일종에 스트레스 해소 차원으로 자리를 잡게 된다. 욕심은 지나치기 쉽고 정신을 눌리기 쉬운

법이다. 이러한 소비생활이 나쁜 습관으로 자리 잡기 전에 자신의 가치관을 바로 세워야 한다.

연암 박지원의 열하일기에 나오는 황금대기 편의 이야기다. 옛날에 도둑 세 명이 무덤을 파서 금덩이를 얻게 되었다. 도둑들은 흥분하여 축하도 할 겸 술을 마시기로 했다. 마침 도둑 한 명이 주막집에 가서 술을 사오기로 하였다. 음흉한 도둑은 주막에서 산 술에 독을 넣기로 한다. 그 이유는 바로 그 금덩이를 삼등분하는 것보다 자신이 다 갖고 싶어서이다. 그러나 남아 있는 사악한 두 친구는 음흉한 도둑 친구를 죽일 계략을 꾸민다. 이유는 간단하다. 금덩이를 삼등분하는 것보다 이등분하는 것이 훨씬 더 자신들에게 이익이므로 그들은 술은 사가지고 오는 도둑에게 갑자기 달려들어 몽둥이로 때려서 죽이게 된다. 그들은 금을 반분하고 술을 마신다. 얼마 후 금덩이에 도취되어 있던 두 도둑도 독이 퍼져 죽게 된다는 스토리다.

예나 지금이나 매머니즘 사고를 가진 사람들은 돈의 탐욕으로 인해 친구조차도 살인하게 만든다. 돈이 많으면 자신의 생활이 안정되거나 갑자기 행복할 것 같아도 돈에 달라붙는 많은 사건들은 또 다른 사건들을 만들 수 있다. 돈을 제대로 벌 수 있고 다스릴 수 있는 가치가 있는 사람에게는 복이지만 그렇지 못한 사람에게는 또 다른 불행을 만드는 시발점이다.

서양의 신화에 돈에 대한 탐욕을 경계하는 현대인들의 거울 같은 이야기가 바로 마이다스 왕이다. 마이다스 왕이 있었는데 그는 황금을 너무나 원하고 또 원하였다. 그는 부자인데도 욕망의 질주를 멈출 수가 없어서 그의 손이 닿는 것마다 황금으로 변할 수 있게 해달라고 신에게 간청한다. 신은 그의 기도대로 그의 손이 닿는 대로 황금으로 변하게 하는 손으로 만들어주었다. 그가 만지는 모든 것 먹을 것조차도, 금으로 변해 그는 먹을 수가 없게 되었다. 그리고 마이다스 왕이 가장 사랑하는 사람은 그가 만지자마자, 금 동상으로 변했다. 그는 이러한 일이 축복인 동시에 엄청난 저주인 것을 알게 된다. 그는 때늦은 후회를 하였지만 소용이 없었다.

우리가 깊이 생각해보아야 할 점을 무엇일까? 황금대라는 장소에서 벌어진 끔찍한 사건! 도둑 3명의 이야기와 마이다스 왕의 이야기에서 우리가 거울과 경계로 삼아야 할 점은 무엇인가?

돈이 주는 위로는 그다지 크지 않다는 것을 알아야 한다. 인간의 내면에는 선한 양심인 심장이 있다. 심장의 소리를 외면하고 무시하게 되면 나중에 심장이 제 기능을 잃게 된다는 것이다. 그런 사람은 옳지 않으면서도 이익이 되면 그 어떤 일도 할 수 있는 매머니즘의 도구가 되기 십상이다. 이런 사고를 가진 사람들은 낮은 끌개를 사용하고 결국은 비도덕적이면서도 자기 파괴적인 길을 가게 되는 것은 너무나 자명한 일이다. 물론 살아 있는 동안에 기회를 얻을 수 있는 것은 선한 양심의 소리에 귀를 기울이는 귀가 복된 귀이다. 귀가 있다고 들을 수 있는 것은 아니고 눈이 있다고 다 볼 수 있는 것이 아니다. 오직 마음의 귀와 마음의 눈이 있어야 선한 양심대로 살아갈 수 있다. 부유하지도 너무 가난하지도 않은 것이 죄를 더 적게 짓는 방법인지도 모르겠다. 먹고 입는 데 불편함이 없고, 사유할 수 있는 시간을 만드는 사람이 진정으로 선하고, 지혜로운 사람이며, 진실로 행복한 사람이다.

34
학습과 생각

　논어에는 '학이 불사즉망 사이 불학즉태'라는 말이 있는데 이 말의 뜻을 풀어보면 배우기만 하고 생각지 않으면 얻는 것이 없고, 생각만 하고 배우지 않으면 위태롭다는 것이다.

　누에고치는 알에서 깨어났을 때 겨우 3밀리미터로 매우 작다. 그런 누에 속에 아름다운 비단을 짤 수 있는 실이 내재되어 있다고 누가 믿을 수 있을까? 누에 속에서 실을 발견하는 안목은 경험에 의해서이다. 누에는 4번에 걸쳐서 잠을 자면서 아름다운 실을 만들 수 있는 고치를 만든다. 누에는 잠을 자고 깨어날 때마다 나이를 먹는다. 이 나이는 '령'으로 말한다. 즉 알에서 부화했을 때를 1령 한잠 자고 일어나면 2령, 두 번째 잠을 3령, 세 번째 잠을 자면 4령, 네 번째 잠을 자고 일어나면 5령이 된다. 알부터 5령까지의 시간은 보통 20일이 걸린다. 5령 말부터 누에는 먹는 것을 멈추고 고치를 짓기 시작하는데 60시간에 걸쳐 2.5그램의 집을 완성한다. 이 집이 바

로 실이 되는데 이 실은 약 1,200미터에서 1,500미터 정도 된다고
한다.

　누에가 뽕을 먹는 것은 학습이고, 잠은 생각과 반성에 따른 마음
의 변화, 성찰에 해당되며, 실은 자신만의 창의성 있는 성과물(실천)
이 될 수 있는 것이다. 독수리 알 속에서 독수리를 볼 수 있는 능력,
사막에서 오아시스를 보는 눈, 누에고치 속에 실을 볼 수 있는 눈이
안목이고 미래에 대한 조망적인 관점이다 공부와 학습의 궁극적인
목적은 명예와 권력 부를 누리는 직업인을 만드는 것일까? 유능한
직업인을 만드는 일도 중요한 일이지만 많은 학자들은 공부와 학습
의 궁극적 목적은 자기완성을 돕는 것이라고 하고 있다. 자기완성이
란 주로 서양에서 자아실현이라는 의미로 쓰이고 동양에서는 도의
경지, 군자, 성인의 경지에 이른다고 한다. 자아실현은 사회 속에서
자신의 가능성과 잠재력을 발휘하는 것이다. 자아실현은 단번에 이
루어지기 어렵다. 서양의 매슬로우는 자아실현한 사람들은 대체로
60세 이상이었다고 한다. 누에는 알에서 깨어나서 뽕잎을 먹고 잠
을 네 번을 잔 후에 비로소 고치를 만든다. 이와 같이 사람도 일정
량의 학습을 통해 감각운동과 반응적 주의집중의 하등정신능력에서
고등정신능력을 깨워야 한다. 학습에 의해서 숙고되고 매개된 지각
을 사용하고 의도적인 주의집중력이 생기게 되는데 이것이 고등정
신능력이다. 일정한 학습과 성찰적 반성을 통해 정신이 단련된다.
이 정신을 통해 자신만의 의미 있는 창의적 성과물이 탄생한다.

35
진정으로 부러워해야 할 것은 무엇인가?

'작은 일도 무시하지 않고 최선을 다해야 한다. 작은 일에도 최선을 다하면 정성스럽게 된다. 정성스럽게 되면 겉에 배어나오고 겉에 배어나오면 겉으로 드러나고 겉으로 드러나면 이내 밝아지고 밝아지면 남을 감동시키고 남을 감동시키면 이내 변하게 되고 변하면 생육된다. 그러니 오직 세상에서 지극히 정성을 다하는 사람만이 나와 세상을 변하게 할 수 있는 것이다.' 영화 <역린>을 보면 명대사가 등장한다. 이 대사는 중용에서 나온 말로 자신과 세상을 변화시키는 비법을 담은 말이다.

자신과 타인 그리고 세상을 변화시킬 수 있는 위대한 힘은 어디에서 나오는 걸까? 외부적인 힘, 권력, 돈에 있을 것 같지만 정답은 바로 우리 자신의 마음에서 우러나오는 태도와 성향에 달려 있다. 살면서 진정으로 부러워해야 할 것은 무엇인가? 먹을 것, 입을 것, 거처하는 곳뿐이란 말인가? 범인들은 타인의 잣대로 삶을 살아가다

보니 타인과 비교를 통해 자신의 행복지수를 찾는다. 상대평가에 근거해서 살아가니 늘 비교하기에 삶이 건조하고 남의 눈치 보느라 피곤하다. 가정에서 아버지가 자녀에게 보여줄 수 있는 가장 큰 사랑이자 가장 큰 선물은 아내에 대한 사랑이다. 이를 통해 아이들은 인간에 대한 예의와 모든 인간관계의 기초를 형성해나가기 때문이다. 200여 년 전 우리나라의 여인네들은 시대적 상황으로 많이 배우지 못했기에 비인격적으로 대우받기 일쑤였다. 정약용은 자기 아내에 대해 어떻게 생각했을까? 물론 그의 삶이 완전무결한 것은 아니다. 옥에 티처럼 유배 기간 중 젊은 여인과의 사이에서 홍임을 낳은 일이 있기도 하다. 죽기 며칠 전 아내와의 결혼생활을 회상하는 시를 남긴 것을 보면 아내에 대한 미안한 마음이 더해졌는지 무척 아끼고 사랑한 듯하다. 유배시절 꿈속에서 아리따운 여인의 유혹도 알뜰하게 정리하고 아내만을 그리는 그의 도덕성을 보면 그가 아내를 사랑한다는 것은 하늘과 땅과 그 자신에게 지키고자 했던 약속이었다. 요즘 같은 세상에서는 새로운 상대를 만나고 가슴 떨리는 열정적인 사랑이 얼마나 쉬운가? 그러나 18년이라는 오랜 유배생활 동안 그는 아내에 대한 지조를 꿈속에서조차 지키고 있다. 진정한 사랑은 있을 때나 없을 때나 늘 한결같다. 진정한 사랑은 공감해주는 것이고 한결같은 성실함에 있다. 그가 유배지에서 아내에게 줄 수 있는 것은 변할 수 없는 마음뿐이었다. 그의 아내는 남편의 유배지에 올 수 없었기에 그리움으로 시집올 때 입고 온 20여 년이 족히 넘은 색 바랜 붉은 옷을 보내왔다. 선생님은 이것으로 아들들에게 남기는 서책 두 권을 만들어주고, 남은 천으로는 시집간 딸에게 주는 매조도를 그려 족자로 만든다. 색 바랜 아내의 치마로 책 두

권과 족자가 새로운 예술로 탄생하는 것이다. 우리가 진정으로 부러워해야 하는 것은 무엇일까? 보이는 것들에 연연하여 정신적인 가치를 너무나 무시하고 살아가고 있다는 것이다. 돈이면 뚝딱 다 되는 세상에서 살고 있는 우리들은 정약용의 이런 가족에 대한 절절한 사랑을 모른다. 아니 짐작조차도 못한다. 그의 두 아들과 딸은 참으로 행복한 자녀들이다. 그의 한 많은 세월 속에 그를 지탱할 수 있게 해주고, 흩어진 마음과 가눌 길 없는 기분을 다잡아준 것은 무언가를 줄 수 있다는 정신적 가치에서 시작되었다. 그는 할 수 있는 무엇인가를 늘 고집스레 생각하던 사람이다. 유배지에서 아버지가 자녀에게 줄 수 있는 가장 가치 있는 것을 만들었다. 아버지의 정신과 아버지의 손때가 묻은 책과 족자를 받은 자녀들은 아버지의 사랑으로 고단한 삶이 넉넉해졌을 듯하다.

정약용은 참으로 소박한 가족 사랑을 실천한 사람이다. 아내와 사상적 교류를 할 수 있었던 것도 아니고, 학문과 정신적 소통을 할 수 없었지만 그는 아내를 존중했고 지극히 사랑했다. 이러한 행동은 자녀에게 그대로 전해진다. 그는 지극히 작은 것을 통해 아내에 대한 사랑과 자녀에 대한 사랑을 실천하였다. 당대의 대학자이며, 최고의 실학자였던 그는 오래된 아내의 헌 치마로 자신의 마음을 전하는 글을 썼으며 딸의 결혼생활의 행복을 기원하는 족자를 만들었다.

36
자연이 주는 위로의 시간

헬렌 켈러는 어린 시절 눈과 귀의 감각을 잃고 보거나 듣지 못하게 된다. 하지만 그녀는 배움에 대한 열망으로 자기의 어려움을 극복한다. 그녀의 글에서 자신이 볼 수 있다면 삼 일 동안 무엇을 할 것인지 나와 있는데 우리가 평범하게 할 수 있는 일상들이라니 놀라울 뿐이다.

첫째 날엔 나를 가르쳐주신 설리번 선생님을 찾아가 그분의 얼굴을 바라볼 것입니다. 그리고 산으로 가 아름다운 꽃, 나무와 풀, 빛나는 노을을 보고 싶습니다. 둘째 날엔 새벽에 일찍 일어나 먼 동이 터오는 모습을 보고 싶습니다. 저녁에는 영롱하게 빛나는 하늘에 별을 볼 것입니다. 셋째 날엔 아침 일찍 큰길로 나가 부지런히 출근하는 사람들의 활기찬 표정을 볼 것입니다. 점심에는 아름다운 영화를 보고 저녁에는 화려한 네온사인과 쇼윈도에 상품들을 구경하고 집으로 돌아와 나를 사흘간 눈을 뜨게 해주신 하나님께 감사기도를 드릴 것입니다.

본다는 것은 비단 감각의 눈으로 본다는 것이 아니라 마음의 눈으로 볼 수 있다는 것이다. 이기적이고 자기중심적인 눈은 타인을 이용대상으로만 바라본다. 사랑의 눈으로 사물이나 대상을 바라보지 못한다면 눈뜬 장님이다. 이런 점에서 현대인들은 먹음직하고 보암직한 대상이나 물질들의 외관만을 바라보는 눈뜬 장님이다. 그 대상에 대한 애정이나 진정한 이해보다 이용가치를 따지다보니 보는 데만 익숙해져 있다. 감각은 우리를 속인다.

헬렌 켈러는 장애인이었지만 오히려 마음의 눈이 발달한 사람이었다. 그렇기에 우리들보다 오히려 많은 것을 느낄 수 있는 깨달음의 눈으로 비춰보았을 것이다.

정약용은 유배기간 중 취미는 무엇일까? 돈도 없고 공간 이동도 자유롭지 못했던 당시의 상황으로서는 도저히 취미가 있을 것 같지 않다. 그런 중에도 그는 취미를 여덟 가지나 가지고 있었다. 구름보기, 비 바라기, 달 구경하기, 산에 오르기, 바람 읊조리기, 물가에 가기, 꽃 구경, 버드나무 완상하기이다. 자연을 벗하며 마음의 번뇌와 혼란을 극복하였다. 우리에게 자연이 주는 선물은 실로 크게 다가온다. 당장 원수들을 죽이고 싶은 마음, 분한 마음을 삭일 때 자연만큼 위안을 주는 것이 또 있을까? 그는 여덟까지 취미 덕분에 어느 정도 마음의 카오스를 극복하고 새로운 질서를 마음에 새겼으리라. 마음그릇과 마음무늬에 따라 학문의 크기도 다른 법이니까, 그 시간을 그렇게 넘길 수 있었던 것은 자연이 주는 위로와 위안이 있었기에 가능했다.

정약용이 그토록 바라던 일! 유배가 끝나고 그토록 꿈에도 그리던 집으로 돌아가면 하고 싶은 소박한 꿈은 닭을 여러 마리 기르면서, 양식을 곡간에 2~3년간 먹을 정도로 저장해놓고 학문에 익숙한 지인들을 초대해놓고 닭을 삶아 뜯으면서 학문에 대해 밤새도록 토론하고 싶다고 한 꿈이다.

나의 어린 시절을 반추해보면 참으로 아름다운 시절이었고, 그리운 시절이었다. 그곳에는 그분이 유배기간 중 가졌던 취미와 소망이 다 들어 있는 아주 한적한 곳이었다.

나는 행운아이다. 우리 고향에는 아주 특별한 곳이 세 군데 있었다. 벌들이 좋아하는 온갖 꽃들이 피어나는 들판이 있었다. 그곳을 아주 좋아했는데 그곳에 가면 향수의 인위적인 냄새가 아닌 달콤하면서도 향기로운 냄새가 있었다. 그곳에 가면 마음에서 저절로 노래를 부르고 싶어졌다. 그곳에 가면 내가 고귀하고 중요한 사람이라서 신이 있다면 그 신이 이런 공간을 허락했구나 하는 마음이 드는 그런 장소였다. 내가 아주 좋아하는 장소였기에 나는 친구들을 그곳에 데리고 갔다. 거기에서 우리는 예술가가 되어 머리장식과 팔찌를 만들고, 또 꽃에서 꿀을 먹곤 했다. 그다음에 내가 좋아하는 장소는 작은 호수였다. 그곳은 경치가 아주 아름다운 곳이었다. 아버지는 대보름이 뜨는 날이면 우리 가족을 데리고 그곳으로 가서 달님을 보여주었다. "아빠 여기에서 보는 달은 아주 아름다워요. 하늘에 있는 달은 아빠 꺼, 호수에 있는 달은 엄마 꺼, 아빠 눈 속에 있는 달은 동생 꺼, 엄마 눈에 있는 달은 내꺼 할래요." 나는 그곳에 가면 가슴이 벅차올라서 팔짝팔짝 뛰면서 말하곤 했다.

그리고 다른 장소는 뒷산이었다. 그곳에는 자수정돌이 많이 있는 곳이었다. 보라색 수정 돌은 빛을 받으면 안에서 무지갯빛이 나왔다. 그 수정 돌을 보면서 너무 예뻐서 몇 시간이고 들여다보곤 했다.

나는 동양화에서 나오는 그런 산과 들, 호수가 있고 여백이 있는 풍경이 고서와 같은 곳에서 태어나 구름, 비, 달, 산, 바람, 물, 꽃, 나무와 친구하며 지냈다. 그리고 성실하고 부지런한 부모님 덕분에 양식 걱정 없이 내가 그토록 좋아하던 독서와 토론(대화나 수다) 상대가 계속 이어졌다. 태어나서부터 10살까지는 대화의 상대가 할머니였고, 그 후에 나는 책과 대화를 했고, 계속해서 정신적 선생님들이 존재하게 되었다. 더 이상 나의 질문에 답을 주는 선생님이 없어졌을 때 나는 위대한 스승을 만나게 되었다. 자연에서 위로와 순수, 정직을 배웠기에 배우는 것이 몸에 습관이 되었다. 어렸을 때부터 자연을 접한 사람은 마음에 여유가 있고 자신이 지쳤을 때 치유와 회복을 주는 자연의 위대함을 알고 있는 것이다. 마음의 행복과 마음의 소원은 소박한 것에 있다. 지금 우리가 자연스럽게 누리고 있는 행복은 누군가 그토록 소망하던 꿈이었다.

37

보이는 대로 보는 사람과
보고 싶은 대로 보는 사람

만물보다 심히 거짓되고 심히 부패한 것이 마음이거늘 이것을 누가 알겠냐는 성경의 말이 있다. 우리 마음은 많이 이기적이고 죄로 쌓여 있는 것이다. 높아지려고 하는 마음, 우리의 유전자 속에 흐르는 죄의 본성들 그리고 매일매일 짓는 죄들로 가득 차 있다. 그 죄 때문에 아름다운 것을 보아도 자기의 의식 수준에 의해 왜곡되어 보거나 받아들인다. 보고 싶은 대로 보는 사람들은 자신 마음의 더러움 때문에 사람들이나 사람의 아름다움을 있는 그대로 보이는 대로 보지 못한다.

데이비드 호킨스 박사의 의식 레벨표를 보면 우리의 의식은 17가지인데 긍정적인 의식이 아홉 가지이고 부정적인 의식이 여덟 가지라고 한다. 긍정적인 의식의 최상급인 깨달음이 있고 그 아래에는 평화, 기쁨, 사랑, 이해, 포용력, 자발성, 중립, 용기 등으로 내려오게 된다. 그리고 부정적 의식에는 자존심, 분노, 욕망, 두려움, 슬픔, 무기력, 죄책감, 수치심 등의 단계로 되어 있다. 우리는 매일 핵심의식으로 감정이 파생되고 이 의식을 통해 감정과 행동을 하게 된다.

그렇기에 이 의식이 곧 마음의 성이 되거나 감옥이 된다. 긍정적 의식에 사는 사람들은 매일매일이 천국이다. 각자 핵심의식에 의해 깨달음의 성, 평화의 성, 기쁨의 성에 살고 있는 것이다. 그러나 부정적인 의식에 사로잡혀 있는 사람들은 성에 사는 것이 아니라 마음의 감옥에 사는 것이나 다름없다. 그들은 자존심의 감옥, 분노의 감옥, 욕망의 감옥, 두려움의 감옥 등에 살면서 사람들과 사물들을 왜곡되게 보고 느끼게 되는 것이다.

긍정적인 사람들은 사람과 사물을 보이는 대로 보는 사람들이며, 부정적인 사람들은 사람과 사물을 보고 싶은 대로 보면서 자신의 잣대로 판단하는 사람이 된다. 보고 싶은 대로 보는 사람들은 자신들이 사용하는 마음 감옥의 렌즈를 자신의 지렛대로 활용하여 사람들을 제멋대로 판단한다. 그러니 먼저는 자신이 많이 괴롭고 당하는 상대편도 불편해진다.

남녀 사이에서 가장 많은 착각을 하는 것은 긍정적인 의식의 사랑과 부정적인 의식의 욕망이다. 남자들은 대부분 자신의 애인이나 아내를 사랑한다고 여긴다. 사랑의 본질은 무엇인가? 사랑의 본질은 그 사람 속에 선과 아름다움을 발견해내고 상대의 행복을 바라고 상대의 복지를 위해 내가 무언가를 해주려는 열망이다. 그러나 남자들은 대부분 그녀를 욕망하는 것을 사랑한다고 착각한다. 육체적 욕망과 정신적 사랑은 분명 차이가 있는 것이다. 최소한 진실 되게 자신의 의식과 감정, 행동을 직면해보아야 한다. 그녀를 사랑하는가?

아니면 욕망하는가? 이 물음은 비단 남자에게만 해당되는 것은 아니다. 모든 여자에게 아니 모든 인간에게 물어야 하는 질문이다. 우리는 어떤 대상을 대하건 그토록 자신의 이기적인 속성과 측면을 뼛속까지 깊이 가지고 있다.

베토벤이 대단한 음악계의 지성이 될 수 있었던 것은 어떤 대상을 순수하게 사랑할 수 있었던 높은 끝개의 소유자였기 때문이다. 그의 영혼은 맑고 순수했다. 베토벤은 자신이 음악공부를 했고 음악활동을 했던 빈의 자연을 너무나 사랑했다. 그는 산책을 통해 사색에 잠겼고 그의 모든 음악적 영감은 자연의 아름다운 요소 속에서 찾고 얻을 수 있었다.

그는 자연의 아름다움을 깊이 느낄 수 있는 심미안이 발달한 사람이었다. 그는 자연을 사랑했고 그리고 사람을 사랑했다. 그의 피아노 제자였던 테레제를 통해 그는 줄리에타를 만나게 된다. 그녀에 대한 우정과 사랑의 힘으로 그는 그녀를 위해 쉬운 곡인 '월광'을 작곡한다.

그는 밝고 솔직한 성격의 줄리에타를 사랑한다. 그러나 그녀는 집안의 반대로 베토벤을 떠나 귀족청년과 결혼을 한다. 20년 후 그들은 짧은 만남을 가지게 된다. 귀가 먹고 초라하게 늙어가던 베토벤 앞에 그토록 사랑하고 그리워하던 여인 줄리에타가 찾아온다. 줄리에타는 예전의 꽃처럼 아름다웠던 모습이 아닌 평범한 중년 여인으로 변해 있었다. 줄리에타는 자신의 결혼생활이 행복하지 못하며 경제적 어려움에 처해 있다고 말한다. 베토벤은 자신도 어려운 처지이면서 줄리에타에게 얼마간의 돈을 마련해준다. 그리고 줄리에타의 불행을 자신의 일처럼 슬퍼했다.

요즘의 말초신경을 자극하는 막장드라마나 엽기드라마를 보면 남녀 간의 이별의 끝은 비극이거나 복수, 스토커가 대부분의 줄거리이다. 긍정적 의식을 사용하는 사람들만이 진정한 사랑을 할 수 있는 것이다. 사랑은 아무나 하나? 욕망은 아무나 할 수 있지만 사랑은 아무나 할 수 없다. 오늘날 베토벤의 월광이 그토록 사람들의 마음을 울려주는 것은 사랑의 본질을 실천했던 그의 파동이 전해지기 때문이다.

38
나무 같은 사람

　요즘 부부들을 보면 참을 수 없는 존재의 끝을 보는 것 같아 안타
깝다. 도대체가 참을성이 하나도 없이 이혼을 너무도 쉽게 하고 결
정한다. 우리 주위를 보면 참 안타깝다. 물론 필자도 그런 이혼 위
기 시기가 있었다. 지금 생각해보면 인생의 파도타기를 잘 해낸 것
같다. 우리 부부는 그 파도타기를 즐기면서 하지는 못했어도 어쨌든
서로 양보하고 협동해서 잘 넘어갔다.

　물론 좌뇌와 우뇌가 골고루 발달한 아내의 몫이 더 컸기에 가능
한 일이다. 자화자찬(?)이 너무 한가? 그런데 이 말은 진실이다. 부
부문제에서 승승관계가 중요하다지만 그래도 심리적으로 튼튼한 사
람들이 부부관계에서 미안하다고 하거나 이해하는 폭이 넓다. 어쩌
랴? 더 많이 사랑하는 사람이 더 많이 양보하고 더 많이 깨달은 자
가 더 넓은 마음을 갖는 것이 당연한 이치 아닌가?

　필자가 이혼하지 않고 가정을 지킨 것은 심리학의 도움이 있다.

일단 인지의 재구성을 통해 남편은 아버지가 아니라는 개념을 가지고 와서 실천했다. 남편에 대한 기대심리를 많이 낮추는 것이었다. 필자의 마음을 살펴보니 남편이 아닌 아버지를 원하는 것이었다. 경제적으로나, 심리적으로나, 마음으로나 남편을 의지하려는 마음이 가득했다. 그것을 버리고 나니 너무 편하다. 남편은 나와 비슷한 동료였는데 나는 애써 그것을 부인하고 남편을 의지하려고 했다. 그런 과정에서 남편은 살갑게 대해준 것이 아니라 회피하려고 하거나 도망을 다녔다. 남편은 남의 편이고 시어머니 편이었다. 그래서 이제는 남편이 들어서 곤란한 이야기는 하지 않는다. 남편은 인품을 가진 성인이 아니라 나와 같은 보통 사람이라고 마음정리 한다.

필자가 결혼생활에서 아름다운 멘토로서 따르는 여인들은 세 분이다. 이분들은 남편을 향한 굳은 마음을 가지고 있다. 이분들은 바로 평강공주, 신사임당, 마십의 아내이다.

평강공주는 왜 바보온달에게 시집을 갔을까? 아버지가 평소에 농담처럼 한 말이 신하들에게까지 알려졌다. 이 아버지의 실언도 군주의 말로서 위엄을 지키려 했던 딸의 굳은 의지가 엿보인다. 아버지의 말이 실없이 되지 않게 하려고 딸은 온달에게 시집을 갔다. 평강공주는 지적으로 온달보다 뛰어났다. 그래서 그녀는 남편에게 공부를 통해 정신을 개발시켰다. 마음그릇이 넓고, 성실하고, 착한 온달은 평강공주의 가르침을 부끄러워하지 않고 받아들였다.

하등정신기능으로 살아왔던 온달에게 평강공주의 가르침은 인간으로서 한 발자국 전진하는 의도된 주의 집중이요 의도된 사고능력의 함양이었다. 학습은 인간의 정신을 개발시켜주고 교양을 가지게 하는 것이다. 마음그릇이 깨끗한 온달은 아내의 말에 순종했고 연습과 훈련으로 비로소 논리적 사고력과 숙고되고 매개된 사고를 할 수 있게 되었다.

두 번째 멘토 신사임당은 어렸을 때 이름은 '인선'이었다. 인선은 책을 사랑하는 소녀였다. 16살에 열녀전에 나와 있는 중국의 태임이라는 왕비의 자녀교육을 보고 태임을 멘토로 설정하고 마음으로 흠모하고 따랐다. 신사임당은 열아홉 살에 한성에 사는 이원수와 결혼을 한다. 이원수는 착하고 성실했지만 학문에는 부족했다. 이원수는 학문에 앞서가던 아내에게 부끄러워하지 않고 배웠다. 그럼에도 이원수는 학문을 꾸준히 연마하지 않았고 늦게까지도 관직에 나아가지 못했다. 겨우 쉰이 되었을 때 낮은 벼슬에 임명되었다. 학문과 시, 수예 그리고 미술에 조예가 깊었던 신사임당에게 어찌 남편 이원수가 마음에 찼겠는가? 그럼에도 신사임당은 남편을 버리지 않았다. 그리고 신사임당은 남편이 공부하지 않는다고 닦달하거나 취직하라고 잔소리를 하지 않았다. 오직 마음을 바로하고 자신을 성장시켜 나갔으며, 자신의 자녀교육에 혼신을 다한 것이다. 평강공주와 신사임당이 훌륭한 점은 남편을 통해 자신의 허영을 만족시키기는커녕 오히려 남편의 성장과 발전에 동기부여를 해주고 어머니처럼 격려와 가르침을 주었다. 그리고 나의 세 번째 멘토는 마십의 아내이다. 마십의 아내는 이름도 없는 나무꾼의 아내이지만 끝까지 마십에 대한 마음을 지키는 여인이다. 평강공주의 리더십, 신사임당의 자기계발, 마십 아내의 변치 않는 마음을 배우고 싶다.

못된 여인들은 자기 손으로 자기 집을 허물되, 지혜로운 여인들은 자기 손으로 자기 집을 세운다. 자기를 바로 세우고 남편과 자녀

를 바로 세우는 것이다. 긍정적인 의식인 사랑에는 한 사람에 대한
의리가 있다. 그리고 의리가 있는 사람은 요동하지 않은 깊은 뿌리
를 가지고 있는 나무를 닮은 사람들이다.

39
마십의 아내

　어느 날 필자는 라디오를 듣고 있었는데, 어떤 여성이 라디오 프로그램에 편지를 보낸 내용이 채택되어 라디오 DJ가 읽어주고 있었다. 그 편지의 내용은 자기 친구가 주인공이었는데, 그 친구는 지성과 미모를 겸비했으며 게다가 직업적으로도 크게 성공했다고 한다. 덕분에(?) 무능력하며 더 이상 욕망하지 않는 첫 번째 남편과 이혼하고 연하의 남성과 재혼을 하여 곧 아기를 낳았다고 한다. 그 아기에 돌잔치를 화려하게 했는데 값비싼 드레스를 입고 하였다고 했다. 그것을 지켜본 친구는 그 친구의 미모와 재력이 부럽고 연하의 남성과 재혼을 한 것이 더 부럽다고 했다. 이것이 40대 여성들이 진정 부러워해야 한단 말인가? 나는 이 라디오를 듣고 오늘의 세대를 반영하는 듯하여 씁쓸했다. 현대인들은 오직 외적인 것에 이끌려 있다. 오직 맛있고 빛난 것들에 대한 욕망으로 진정 소중하게 가꾸어 나가야 하는 것은 무엇인지 잊고 살아가기 쉽다. 우리 조상들은 부부의 인연을 하늘에서 정한 것이라 해서 소중히 여기고 끝까지 함께하려 했다. 옛날 황해도 도하리라는 마을에 마십 굴에 얽힌 전설이 있다. 이 전설은 우리 주변에서 흔히 볼 수 있는 바보스러울 정도로 착하고 성실한 남편과 똑똑하고 예쁜 아내의 이야기이다. 이 이야기가 함의하는 바는 자못 크게 다가온다. 오늘날 남편보다 경제적으로 혹은 직업적으로 우위에 있는 아내들이 새겨들을 만한 이야기이다.

나무꾼인 마십은 어리숙한데다, 착하고, 순박했다. 하지만 마십의 아내는 똑똑하고 야무진데다 무척 아름다웠다. 동네사람들은 마십이 무슨 복에 저런 아름다운 아내를 얻었는지 알 수가 없었다. 그러니 동네사람들은 샘이 나고 배가 아파서 뒤에서 숙덕거렸다. "곰같이 미련한 마십이랑 무슨 재미로 살까?"

마십과 마십의 아내는 서로 아껴주면서 알콩달콩 행복하게 살았다. 어느 추운 겨울날 마십은 산에 나무를 하러 갔다. 산비탈에서 어떤 사냥꾼이 쓰러져 있기에 지게에 지고 집으로 돌아왔다. 그 사냥꾼은 얼어죽기 직전이었기에 마십과 마십의 아내는 정성껏 치료해주었다. 이렇게 해서 사냥꾼은 하루 만에 살아났다. 이 사냥꾼은 다름 아닌 그 마을에 원님 아들이었다. 원님 아들은 마십이 살려준 은인임에도 나쁜 마음을 품었다. 다름 아닌 마십의 하나밖에 없는 보물인 마십의 아내였다. 마십이 나무를 하러 간 틈을 노려 마십의 아내를 더러운 말로 미혹한다. 마십의 아내는 원님 아들의 말에 선하고 깨끗한 말로 대답한다. 마십의 아내는 중심이 있는 여자이며, 가치관이 있는 여자이며, 남편에 대한 지조와 정절이 있었다.

더러운 욕망으로 일그러진 원님 아들은 삶에 대한 깨달음이 가득한 마십의 아내에게 이런 말을 한다. "내가 비단옷 입혀줄 테니 나와 함께 갑시다." 그러자 마십의 아내는 이렇게 응수한다. "나는 비단옷보다 마음 행실의 옷이 고와야 한다고 생각해요." 그러자 원님 아들은 두 번째 제의를 한다. "나를 따라오면 날마다 맛있는 것을 실컷 먹을 수 있소." 그러자 마십의 아내는 이렇게 응수한다. "나는 우리 서방님과 함께 먹는 거친 밥이 세상에서 제일 맛있어요." 원님 아들은 세 번째 제의를 한다. "나를 따라오면 평생 편하게 살 수 있소." 그러자 마십의 아내는 이렇게 대꾸한다. "난 서방님을 위해 밥하고 빨래하는 게 너무나 즐거워요." 원님 아들은 마지막으로 이런 제의를 한다. "나를 따라오면 금가락지 은가락지에 온갖 보물을 다 가질 수 있다오." 그러자 마십의 아내는 이렇게 말한다. "그런 보물이 서방님이 꺾어다주는 들꽃만큼 예쁠까요?" 마십의 아내는 남편에 대한 지조와 자신의 도덕적 가치로 무장했기에 원님 아들의 말에 흔들리는 갈대가 되지 않았다. 신념과 가치를 마음 중심에 새긴 여자들은 그 어떤 유혹에도 흔들리지 않는다. 자신의 길이 정해져 있는데 무엇 때문에 흔들리겠는가?

우리의 할머니 어머니들은 자신의 정해진 운명을 무조건 피하지 않았다. 운명을 사랑하고 끌어안으며 적극적으로 개척해갔다. 우리의 할머니, 어머니들의 인내와 사랑이 있었기에 그 인내와 사랑으로 자녀들은 성장했고 행복했다. 그런데 이제 어머니들이 반란을 일으킨다. 이제 어머니들은 자신의 행복을 추구하기 위해 함께 가기보다는 부족한 남편과 보살핌이 필요한 자식을 버릴 수도 있다. 물론 이러한 어머니들이 일부라지만 예전보다는 많이 변한 세상에서 살아간다. 인간의 천륜도 먹을 것, 입을 것 앞에서 맥을 못 추는 것 같아 참 안타깝다. 오늘 따라 마십의 아내처럼 내면적 원칙과 기준을 지켰던 여인네들의 향기가 무척 그립다.

40

신사임당의 멘토

신사임당하면 너무나 아름다운 여성으로 기억된다. 글씨, 그림, 자수, 시 그리고 현명한 몸가짐으로 여성의 귀감이 되는 것은 물론 훌륭한 어머니로서 본보기가 되기 때문이다. 오늘날 현대 여성들은 자신의 자아실현을 위해 열심히 노력하다 보면 남편과의 관계도 소원해지고 자녀교육도 소홀할 때가 있다. 신사임당은 자신의 자아실현과 자녀교육 두 가지를 다 조화시켰다. 신사임당의 삶을 살펴보고 그녀의 답안지를 우리의 삶에 적용해보자.

신사임당의 호가 의미하는 바는 그녀의 삶을 관통하는 멘토가 누구인지 알 수 있게 한다. 신사임당의 어릴 적 이름은 인선이다. 어린 시절에 외할아버지로부터 성현의 가르침을 받은 인선은 책을 유난히 좋아하는 아이였다. 책을 좋아하는 취미는 좋은 습관으로 형성되어 청소년기에 책을 통해 인생의 멘토를 만나게 된다. 인선은 중국의 열녀전에서 태임이라는 왕비의 몸가짐이 마음에 와 닿았다. 태임은 왕비로서 태교에 관심을 갖고 아기를 낳게 된다. 태교 덕분에 태임의 아들은 어질고 슬기로운 임금이 된다. 신사임당은 태임의 정성스런 태교 덕분에 훌륭한 문왕이 태어났다고 생각했다. 인선은 태임을 본받자라는 뜻으로 자신의 호를 '사임당'으로 지었다. 신사임당은 열아홉 되던 해에 이원수라는 사람과 결혼을 한다. 이원수는 마음이 넓고 부드러운 성품을 가지고 있었다. 그러나 단점도 가지고 있는 사람이었다. 이원수는 착하고 성실했지만 학문이 부족했다. 또 학문이 부족함에도 꾸준히 공부하지 않아 큰 벼슬에 오르지 못했다. 신사임당은 이런 남편에게 실망하지 않았고 오히려 용기를 주며 남편이 모르는 것을 쉽게 설명해주었다. 다행히 이원수도 아내에게 배우는 것을 부끄러워하지 않았다. 신사임당은 살림을 하면서도 틈틈이 글공부를 하고 그림도 그리면서 자신의 내면세계를 가꾸어 나갔다. 신사임당은 긍정적인 여자였다. 남편을 바꾸려 잔소리를 한 것이 아니라 자신의 진보를 묵묵히 행동으로 보여주었다. 이런 신사임당의 노력하는 모습은 자녀교육으로 결실을 맺게 된다. 물론 남편 이원수는 아내의 영향으로 천천히 변해갔다. 이원수는 쉰 살에 처음으로 벼슬에 얻어 수운판관이 되었다. 지방의 곡식을 한성으로 실어오는 일을 맡아보는 벼슬자리였다. 요즘으로 말하자면 오십이 다 되도록 여유자적 직업이 없다가 오십이 다 되어 공무원이 된 것이다. 조선 최고의 여류화가이자 최고의 어머니였던 신사임당에게 남편은 너무나 부족한 당신이었다. 그럼에도 신사임당은 자신을 변화시킨 것이지, 남편의 능력 없음을 한탄하거나, 잔소리를 해대는 말이나, 남편의 무능력을 원망하는 말은 어디에도 없다. 그녀는 그러한 한을 어쩌면 그림으로 승화하고 시로써 승화시킨 것은 아닐까? 어쩌면 남편에 대한 기대치를 확 내렸을지도 모른다. 남편은 학문에 관심이 없으니 그쪽에 관심을 내리고 나 자신과 자식들에 성장을 위해 노력하고자 했을 것이다. 만일 신사임당이 남편의 승진이나 남편의 입신출세를 자신의 인생목표로 삼았다면 얼마나 불행했을까? 아마 그녀는 자신의 진보는 물론 자녀교육도 소홀히 했을 것이다. 그러나 긍정에너지로 가득했던 신사임당은 자신이 가지고 있는 것에 집중했다. '자경문'이란 스스로 경계하여 조심하는 글이라는 뜻이다. 이 자경문은 그녀의 아들 이율곡이 일생동안 이루어야 할 목표를 정하고 마음을 바로잡기 위해 작성한 글이다. 이율곡은 이 글을 바탕으로 반성하며 살았고 훌륭한 업적을 남겼다. 아마도 아버지의 게으름을 닮지 않으려고 경계를 삼지 않았을까 짐작해본다.

자경문의 내용은 열한 가지이다. 목표를 크게 갖는다. 말은 적게 하고 명예에 관한 욕심을 경계한다. 해야 할 일에는 정성을 다하고, 하지 말아야 할 일은 단호히 끊는다. 정의롭지 않은 일은 절대 하지 않는다. 누군가 나를 해치려고 한다면 스스로 반성하고 그의 마음을 돌리게 한다. 밤에 잘 때나 병이 든 때가 아니면 절대로 눕지 않는다. 공부를 게을리하거나 서두르지 않는다. 공부는 평생 꾸준히 하는 것이다. 자신의 자경문을 만들어 매일매일 반성하고 보다 나은 삶을 계획한다면 좀 더 변화하고 성장하는 삶이 가능할 것이다.

신사임당은 책을 통해 '태임'을 만나게 되고, 진정한 변화는 마음을 고쳐먹는 것이라는 것을 깨닫게 된다. 그녀는 자신을 변화시킴으로써 남편과 자녀를 변화시킬 수 있었다. 노력이라는 긍정의 입자와 파동은 자신과 가족을 성장시켰다. 그녀의 삶은 조선이라는 협소한 공간과 시대의 편협함을 뛰어넘어 오늘날 우리에게 커다란 울림을 준다.

41
허난설헌과 플라톤

허난설헌은 조선 중기 여류 시인으로 허균의 누나로 알려져 있다. 아버지 허엽의 문학적 소양과 많은 책이라는 환경적 영향으로 언어에 대한 특별한 민감성을 가지게 되었다. 이미 8세에 시를 지어 그 언어적 탁월성에 인정받는다. 그러나 15세에 결혼한 남편 김성립과 불협화음, 시댁과의 갈등, 자녀의 죽음, 오라버니 허봉의 죽음으로 마음이 약해져 갔다. 급기야 삶의 의욕을 잃고, 시를 짓다가 27세의 나이로 생을 마감한다. 그녀의 세 가지 한은 명나라가 아닌 조선에 태어난 것, 여자로 태어난 것, 김성립과 혼인한 것이었다. 그녀는 조선이라는 시간과 공간을 극복할 수 없어서 숙명으로 받아들였다. 그녀는 민감한 정서를 가지고 있었고 자신의 정서적 민감성이 시에는 좋은 재료가 될 수 있었지만 사람들과의 관계에서 치명적인 독이 될 수도 있다는 것을 알지 못했다. 사람들은 그녀만큼 민첩하고 총명하지 못하기에 자연과 시에 대하여 그녀와 같은 느낌과 비애가 없을 수밖에 없다. 그녀는 그의 문학세계를 알지 못하는 시어머니와 자주 부딪쳤다. 그녀가 만일 타인의 비난과 찬사가 얼마나 헛된지 알았다면 자신의 마음을 지켰을 것이다. 타인들은 자기에게 유익하면 찬사를 보내다가도 조금이라도 자기에게 불이익이 오거나 자신의 수준에서 이해가 되지 않으면 언제든지 비난과 조롱을 보낼 수 있는 것이다. 그러니 오직 흔들리지 않는 나의 마음기둥을 세울 일이다. 그랬다면 그녀는 자신을 긍정하고, 자신의 운명을 사랑하고, 나아가 자신이 가지고 있는 고유한 내면적 가치인 '민감성, 슬픔'을 에너지로 썼을 것이다. 대부분의 시인들은 불합리한 삶의 현실을 개선하고, 바람직하지 않은 사회를 개혁하고자 '시'라는 매개체를 사용하기 때문이다. 만일 그녀가 자신은 쉽게 배울 수 있는 것이 타인에게는 느리게 더디게 배움이 일어난다는 것을 알았다면 그녀는 사람들이 변화할 수 있는 기회를 주고, 시간을 두고 더 노력했을 것이라는 아쉬움과 안타까움이 있다. 그녀는 하늘이 준 탁월한 민감성으로 '시'를 썼지만 그 탁월한 민감성으로 인해 다른 사람 속의 마음의 우물은 들여다볼 여유가 없었다. 시댁과의 불화는 심리적 무질서를 가져왔다.

  소크라테스가 소피스트의 의견에 합의한 정치인들에 의해서 사형선고를 받고 죽어갈 때 가장 슬퍼했던 사람은 소크라테스의 아내 크산티페였을까? 아니면 사상적 동지이자 뇌의 구조가 비슷한 그의 제자 플라톤이었을까? 나는 단언컨대 플라톤이었을 것이라고 본다. 플라톤은 소크라테스와의 기억을 되살리기 위해, 스승이 했던 말을 차마 가슴에 묻을 수가 없어서 그와의 말과 사상을 책으로 남겼다. 크산티페 같은 사람들은 빵으로만 만족할 수 있기에, 개돼지는 빵만

주면 어떤 정의롭지 않은 것도 자기 것으로 받아들이는 사람들이다. 플라톤은 기하학을 모르는 사람과는 의미의 공간이 너무 크므로 대화할 수 없다고 생각하는 사람이었다. 그가 만일 '기하학을 가르쳐줄 때 배울 수 있는 사람과 나는 교류하고 싶다'라는 폭넓은 생각을 가졌다면 더 존경을 받으리라 생각해본다. 지식인 중의 혹자는 천 권의 책을 읽지 않은 사람과는 대화하고 싶지 않다고 말한다. 무지한 사람과 시간낭비하고 싶지 않다는 의미이기도 하지만, 생각과 마음이 통하지 않는 의식 수준의 차이에서 오는 갈등을 피하고 싶다는 말이기도 하다. 아는 만큼 보이고 깨달은 만큼만 행동하고 움직일 수 있기 때문이다.

플라톤은 그의 스승에 대해 이렇게 규정하고 있다. "내가 아는 사람 중에 가장 지혜롭고, 가장 정의로우며, 가장 선한 사람이었다." 그러나 플라톤은 존경하는 스승을 잃고 실의, 절망, 허무함을 느꼈다. 12년간의 방황에 가까운 여행을 하는 동안 인생의 우여곡절을 겪었고 내면의 변화와 인생의 방향을 설정해서 돌아올 수 있었다. 그는 긴 방황의 시간을 마치고, 40살이 되어서 고향으로 돌아왔다. 그는 자신이 알고 있는 신에게 4가지를 감사했다고 한다. 희랍사람으로 태어난 것, 남자로 태어난 것, 자유인으로 태어난 것 그리고 이 모든 것보다 더 감사한 것은 '소크라테스 시대'에 태어났다는 것이라고 했다. 그는 인생의 우여곡절을 자신의 마음의 크기를 변화시키는 사건으로 받아들였다. 그는 비극적인 인생의 사건들을 감사로 받아들이기까지 아픔이 있었다. 그는 직접적인 현실극복과 바람직한 사회변화를 꿈꾸었지만, 아테네의 현실은 그다지 밝지 않았다. 그는 변화하지 않는 사회와 정치상황을 극복하려는 의지로 자신의 철학을 책으로 구체화했다. 그는 할 수 있는 일에 집중하였다. 시작은 자신의 변화, 자신의 마음을 고쳐먹고 자신이 얼마나 행운이 많은 사람인지 자각하는 일이었다. 그리고 자신이 할 수 있는 일들, 즉 자신의 내적 변화를 통해 제자를 양성하는 기관을 세우고, 제자들을 성장시키고, 시간과 공간을 뛰어넘어 영향을 미칠 수 있는 책을 남겼다. 자신이 할 수 있는 일을 선택하는 것은 자신의 운명을 사랑하는 사람이고 그리고 그 힘으로 자신이 가지고 있는 것과 할 수 있는 일을 찾아내고 발견하는 사람이다.

허난설헌과 플라톤의 공통점은 자신의 재능을 발견하고 그것을 잘 발달시켜 내적 발견을 언어를 통해 길어 올린 것이다. 하지만 한 사람은 자신의 운명을 탓했지만 한 사람은 자신을 둘러싼 불운한 시대와 사람들이 있었음에도 불구하고 감사할 것을 찾아서 자신이 할 수 있는 일을 했다. 마음이 신체에 미치는 영향은 생각보다 크다. 삶이라는 소풍에서 긍정적인 요소를 찾았던 플라톤은 82세까지 살았고, 부정적인 요소를 한으로 탓했던 허난설헌은 27세라는 꽃다운 나이로 그의 재능을 다 펼치지 못한 채 요절하고 말았다.

42

베토벤의 연인, 줄리에타

사랑이라는 것은 일종의 기술이고 인격적인 관계이다. 베토벤은 아름다운 음악을 창조한 위대한 음악가기도 했지만 성품이 아름다운 사람이었다. 사람들의 성격은 일생동안 완성해 나가고 꽃밭처럼 가꾸어 나가야 하는 우리 인간들의 고유과제요 숙제이기도 하다. 베토벤은 자신의 고유한 내면세계를 아름답게 가꾸던 사람이었다. 그의 창조적 원천은 자연과 사람이었다.

베토벤에게도 사랑하는 여인 줄리에타가 있었다. 조용하고 은둔적이고 사색적인 베토벤과 달리 줄리에타는 자신의 감정을 솔직하게 표현할 줄 아는 밝고 명랑한 여자였다. 베토벤은 줄리에타를 위해 다른 곡에 비해 비교적 듣기 쉬운 곡인 '월광'을 작곡한다. "줄리에타, 당신을 위해 만든 곡입니다. 저의 마음을 담았어요." "선생님, 너무 아름다운 곡이에요."

두 사람은 마냥 행복한 시간을 보내고 있었다. 그러던 어느 날 줄리에타의 어머니가 베토벤을 찾아왔다. 줄리에타 어머니는 베토벤과 자신의 집안이 너무 차이가 나서 결혼은 안 된다고 못을 박는다. 집안의 반대로 결국 베토벤은 줄리에타와 헤어지게 된다. 줄리에타는 부모의 뜻에 따라 음악을 하는 귀족과 결혼하게 된다. 줄리에타가 떠나간 후 베토벤의 귓병은 더 심해지고 있었다. 고통은 말할 것도 없고 눈으로 보이는 모든 것들의 소리가 귀로 공명되지 않기 시작했다. 베토벤은 소리를 듣지 못하게 된 것이다. 베토벤은 괴로움에 일시적으로 방황하게 된다. 그러나 그런 물리적인 소리가 들리지 않는다고 작곡을 할 수 없는 것은 아니었다. 베토벤은 이미 소리의 상징체계를 내면화했기에 물리적으로 소리가 들리지 않아도 심상으로 음악의 소리를 들을 수 있었다. 베토벤은 귀가 들리지 않는 세계 속에서도 많은 작품을 만들어냈다.

자신의 귓병을 '운명의 앙갚음'이라고 생각했다. 그리고 베토벤은 자신의 작곡 노트에 '나 스스로 운명의 목을 조르고야 말겠다'고 적었다. 베토벤은 교향곡 제5번 C단조 일명 <운명>이라고 하는데 이 곡을 통해 자신의 운명을 극복했다고 볼 수 있다. 작곡가에게 있어 들을 수 있다는 것은 얼마나 소중한 의미였을까? 그런 그에게 운명은 고통스럽게 문을 두드리며 찾아왔다. 그의 비극적인 운명은 음악가로서 치명적인 결함이었던 귓병과 사랑하는 여인마저도 떠나버린 것이다. 베토벤은 그러한 운명 앞에서도 자신의 일을 쉬지 않는다.

베토벤의 뇌의 구조는 어떠한가? 고통이나 상실감 같은 인생의 고통을 가지고도 이것을 승화시켜서 창조의 재료로 삼는 것을 볼 수 있다. 베토벤은 줄리에타가 자신을 떠났지만 그녀를 원망하지 않았다. 또 음악가로서 치명적인 청력의 상실 앞에서도 음악에 대한 열정과 사랑을 포기하지 않았다. 포기할 만한 충분한 이유가 있었지만 그는 그렇게 하지 않았다. 그는 자신이 가지고 있는 것들을 가지고 할 수 있는 것들을 해나갔다.

세월이 많이 흘러 줄리에타는 베토벤을 찾아온다. 그녀는 귀족과 결혼을 했지만 남편이 성공하지 못한데다 많은 아이들을 부양하느라 힘들다고 토로한다. 그러자 베토벤은 자신도 궁핍한데 얼마간의 돈을 줄리에타에게 건넨다. 줄리에타의 아름답고 청순한 외모는 온데간데없어지고, 아름답고 순수한 마음도 늙어버린 줄리에타에 대한 연민의 마음으로 그는 마음 아파했다.

진정으로 사랑한다는 것은 소유가 아닌 존재 자체에 대한 무한한 신뢰, 헌신, 용서, 축복인 것을 보여준다. 베토벤은 줄리에타에게 '왜 자신을 떠났는지, 나를 버렸으니 네가 그렇게 불행한 것은 당연해' 이러한 원망의 마음이 조금도 없다. 그저 한 인간에 대한 사랑과 연민의 마음으로 그녀의 이야기를 들어주고 그녀에게 용기를 준다. 그의 음악이 아름다운 건 그의 마음이 사랑과 용서 그리고 축복으로 가득하였기에, 그 아름다운 소리가 그대로 표현된 것이기에…….

43

자존감을 갖기 위해서

인생을 긍정으로 물들이는 사람들이 갖는 특성은 무엇이 있을까? 긍정적인 사람들은 자존감이 높다. 긍정적인 사람들은 문제의 답을 찾기 위해 자신이 가지고 있는 자원을 잘 활용한다. 인생의 재료가 많은지 적은지가 문제가 아니라 가지고 있는 것을 얼마나 활용하는 지가 중요하다. 재료가 많다고 무조건 훌륭한 요리사가 되는 것이 아닌 것처럼 인생의 자원이 많다고 꼭 긍정적인 사람이 되는 것은 아니다. 부정적인 사람들은 문제의 원인을 타인이나 환경에서 찾기에 '네가 변해라' 한다. 긍정적인 사람들은 문제의 원인을 자신으로 보기에 다른 사람들이 성숙하도록 성장하는 디딤돌을 마련해주기 위해 방법을 찾는 사람들이다. 긍정적인 사람들은 타인의 장점을 줌인해서 그것을 발전시키는 사람들이다. 장점은 극대화시키고 단점은 보완할 수 있는 사람이 긍정적인 사람들이다. 그런데 긍정의 기술은 하루아침에 생기지 않는다. 긍정의 기술은 어떻게 해야 학습되어 나의 뇌에 긍정필터를 형성하게 되는가? 무엇이든지 시작할 때는 미약하고 어렵지만 긍정을 생활 속에서 실천하게 되면 의식이 변화함에 따라 긍정적인 감정과 긍정적인 행동이 뒤따라오게 되는 것이다. 가장 최초의 출발점은 생각을 전환하는 것이다. 누추한 생각은 '난 못 해, 난 안 돼'라는 의식이다. 누추한 의식과 생각은 누추한 감정과 누추한 행동을 파생시킨다. 말이 씨가 된다는 말처럼 누추한 생각, 어리석은 말, 자신을 희롱하는 말은 긍정적인 생각에 마땅하지 않으니 방향을 돌이켜 감사하는 말을 해야 한다. 감사의 말의 씨를 뿌리면 인생이 행복해진다.

긍정적인 사람들은 자존감이 높다. 자존감이 높은 사람들이 4가지 요소가 있다. 자존감이 높은 사람들은 창조적인 사고와 태도를 가지고 있다. 이들은 유행을 따라가지 않고 자신이 가지고 있는 장점을 사용해 창조적인 생각을 가지고 그러한 태도를 가지는 사람들이다. 둘째, 자존감이 높은 사람들은 목표를 세우고 그 목표를 이루기 위해 하루하루 최선을 다하며 그 일을 완수한다. 셋째, 자존감이 높은 사람들은 자신이 특별하고 유일한 사람임을 알고 있다. 소크라테스는 이천여 년 전 이미 이 간단한 삶의 철학과 이치를 알고 이것을 우리에게 알려주었다. 인간은 무엇보다도 자신을 알아야 한다. 인간은 유일하게도 자신을 속이는 동물이다. 인간은 위선적인 동물로서 자기의 선은 확대해석하고 악은 축소하는 경향이 있다. 그러나 위인들은 자신이 미덕과 악덕을 고루 갖춘 사람이라는 것을 알고 있었고 미덕을 계발했으며 악덕은 최소화하려고 애썼다는 것을 알 수 있다. 자신이 특별하고 유일한 사람임을 안다는 것은 자신의 미덕을 과장하고 악덕을 축소한다는 의미가 아니라 인생이라는 재료를 통해서 그것을 인정하고 악덕에 대해 통곡하며 고쳐나가는 것이며, 미덕을 더욱더 성장시켜 특별한 존재가 되라는 것이다. 넷째, 자존감이 높은 사람들은 자신을 사랑해주고 인정해주는 사람들과 좋은 관계를 유지하는 방법을 활용한다. 감정 통장계좌에 마이너스가 아닌 플러스 잔고가 있는 사람이다. 나이가 어려서 힘이 없을 때는 혈연과 학연관계에서 옆의 사람들을 수동적으로 받아들인다. 하지만 성인이 된 당신은 이제 대인관계에서 주도적으로 선택할 수 있는 것이다. 나에게 긍정적인 에너지를 주고 힘이 되어주는 사람들을 적극적으로 선택하라. 어떤 사람에게 최선을 다하고 우호적인 관계를 만들 것인지 우선순위를 매기고 결정해야 하는 것이다. 자신에게 긍정적 지원을 보내고 따뜻하게 대하는 사람들에게 최선을 다한다면 대인관계에서 좋은 사람들만 남게 될 것이다. 그리고 그렇게 자신의 긍정적인 마음그릇이 커진다면 주위에 긍정적인 에너지와 파동을 만들어서 부정적인 사람들도 변화시킬 수 있게 된다. 문제는 자신의 마음그릇이 긍정에너지로 채워지기도 전에 부정적인 대인관계에 매이게 되면 자신의 성장은 어렵게 된다. 자신이 긍정적인 사람이 되어야 타인도 도울 수가 있는 것이다. 그러기 위해서는 내 옆에 긍정에너지가 내면화된 큰 그릇의 사람들을 꾸준히 만나서 영향을 받아야 할 것이다.

44

아르키메데스의 죽음이 주는
함의는 무엇인가?

아르키메데스는 시칠리아 출신의 그리스 철학자이자 과학자였다. 왕은 아리송한 문제나 어려운 문제가 나타날 때마다 현명한 아르키메데스에게 문제의 해법을 요구했다. 그중에 하나가 자신의 왕관이 순수한 금이 아닌 이물질이 섞였다는 것이었다. 사심이 있었던 세공업자는 왕의 명령을 어기고 왕의 금관에 은을 섞었던 것이었다. 그러나 이 세상에 비밀은 없지 않은가? 왕의 왕관이 순수한 금이 아니라 은이 섞였다는 소문은 백성들이 먼저 알고 있었다. 왕은 자존심이 허락지 않았다. 그러나 왕은 지혜로운 사람이었다. 심증으로는 금세공업자를 벌을 줄 수는 없었다. 그래서 왕은 증거를 제시하기 위해 이 일을 해결해줄 사람이 필요했다.

왕은 아르키메데스에게 요청을 했다. "나의 왕관에 은의 찌꺼기가 섞였다는 소문이 돌고 있네. 자네가 이것의 증거를 찾을 수 있겠나?" 아르키메데스는 고심하고 또 고심하였다.

어느 날 목욕을 하면서 욕조에 자신이 들어가자 물이 넘치는 것을 발견하였다. 그는 이 생활의 발견을 통해 크나큰 과학적 통찰의 순간을 맞이한다. 금과 은도 이와 같이 동일한 물의 양에 물질의 부피만큼 넘칠 것이다. 그는 동일한 금덩이와 은덩이로 실험을 했고 은덩이가 금덩이보다 무게가 더 나간다는 것을 알게 되었다. 그 결과 왕의 왕관은 순수한 금이 아닌 은이 섞인 것임을 알 수 있게 되었다. 아르키메데스는 문제의 해법을 얻고자 매순간 생각하고 또 생각하고 있었다. 문제해결은 생각지도 못한 때 얻게 된다.

세월은 흘러 그리스 나라에 로마의 침입이 있게 되었다. 아르키메데스는 천재적인 두뇌로 새로운 기계를 발명하여 전쟁에 대항하는 저항 운동에 참여했지만 끝내 로마인들이 점령하고 만다. 로마군이 들어오고 아르키메데스는 늘 하던 연구를 계속한다.

아르키메데스는 모래 위에 자신이 연구해온 기하학적 도형을 그리고 있었는데, 로마병사가 다가와서 로마의 장군 마르켈루스가 당신을 만나고 싶다는 소식을 전한다. 아르키메데스는 아랑곳하지 않고 자신의 도형을 그리고 있었다. 로마병사는 "마르켈루스 장군께서 당신을 만나고 싶어 하신다." 아르키메데스는 아무런 말없이 자신의 수학에만 관심을 가지고 있었다. 화가 치민 로마 병사는 칼을 빼들고 아르키메데스를 죽였다.

로마병사와 아르키메데스의 토론은 가능한 것일까? 아르키메데스의 의식 수준은 이성의 이해 수준 이상이고 로마병사의 의식 수준은 부정적 의식 수준의 자존심 정도인 것이다. 이 둘의 공통적인 척도는 없다. 아르키메데스가 이해하던지 웃던지 할 상황이다. 인간과 인간관계에는 의미의 공간만큼 의식 수준의 차이가 생기게 된다.

오직 깨달음의 의식 수준에 있는 사람만이 편견 없이 세상을 바라볼 수 있다. 그런 사람은 오직 신이 보내준 사람밖에 없다. 부처도 도를 얻었다고 하지만 그것은 자신이 원해서 했을 뿐 신의 선택은 아니었다. 소크라테스와 공자도 신이 선택한 사람이 아니었지만 정직한 사람이었다. 소크라테스와 공자는 진정으로 안다는 것은 아는 것은 안다고 말하고 모르는 것은 모른다고 말하는 것이 진정으로 아는 것이라고 했기에 선한 양심이 살아 있는 용기 있는 사람들이었다. 그러니 인류의 역사 중에 진정으로 깨달음이라는 의식에 올라선 분은 예수 한 분이었다고 볼 수 있다. 아이에게는 깨달음에 이르게 하기 위해 선생님이 필요한 것처럼, 일반인에게도 깨달음에 이르게 하기 위해서는 '스승'이 필요하다.

우리는 내면을 가꾸는 일에 최선을 다해야 한다. 외모에도 아름다운 사람과 추한 사람이 있다. 보다 아름답다는 것은 얼굴과 외모가 질서와 조화를 이룬 사람이다. 추함은 이와 반대가 되는 것일 것이다. 이와 마찬가지로 우리의 속사람인 마음도 아름다운 사람이 있고 추한 사람이 있다. 이 마음이 의식 수준을 결정한다. 의식 수준은 정서와 행동에도 영향을 미치게 되어 있다. 속사람인 마음을 아름답게 가꿔가야 한다. 어떻게 가꿔야 하는가? 양심에 귀를 기울이고 행동하다 보면 선한 양심이 되고, 선한 양심이 습관이 되면 그 사람의 마음은 사랑으로 마음을 물들이게 되는 것이다. 그래야 로마병사처럼 행동하지 않게 된다. 로마병사는 위대한 학자를 알아보지 못해 불행한 일을 저질렀다. 오늘날 우리는 어떠한가? 자신의 의식 수준이 낮은데도 의식 수준이 높은 사람들을 단죄하고 있지 않은가

심사숙고해 보아야 한다. 과거의 나는 옷차림으로 사람을 보는 실수를 범했다. 어리석게도 그랬다. 공의로 판단하지 않고 그의 능력과 옷차림으로 판단할 때가 대부분이었다. 게다가 의식 수준이 낮은 사람은 무시하였고, 높은 사람들은 교만하다고 편견과 선입견을 가지고 판단했다. 그런데 제나인 육체의 소욕을 물리치니 옷차림에 상관없이 이제는 의식 수준이 높은 사람들이 아주 조금 보인다. 그러나 우리의 마음 문이 활짝 열리면 안 보이던 것이 보이기 시작한다. 우리에게는 선한 양심을 돌이킬 수많은 기회들이 해변에 파도처럼 밀려오고 있다.

45

할머니의 보이지 않는 마음

우리는 보이지 않는 세계와 보이는 세계를 가지고 있다. 보이는 세계는 가시적으로 볼 수 있는 물리적 상황, 물질적 세계이다. 보이지 않는 세계는 우리 감각으로 느낄 수는 없지만 분명히 존재하고 있는 아주 중요한 것들이다. 보이지 않는 세계는 공기, 바람, 우리의 마음 등이다.

요즘 들어 보이지 않았던 우리 할머니의 마음을 이야기의 화두로 삼은 것은 어린 시절에 할머니의 사랑이 너무나 흘러넘쳤기에 나는 할머니의 마음을 볼 수도 없었고, 느낄 수가 없었다. 그리고 성장한 후에 할머니를 볼 수 없게 되자 그 보이지 않았던 할머니의 마음으로 비롯된 모든 것이 너무나 그리워지는 것이었다. 나의 할머니는 어떤 분이셨던가? 할머니는 가정 선생님과 국어 선생님을 합쳐놓은 듯한 그리고 그 행함을 보면 너무나 대단하던 분이셨다. 할머니는 국어 선생님이 가지고 있는 "이야기보따리"의 실체였다. 할머니는 늘 이야기를 해주셨기에 우리 손자 손녀들은 늘 할머니의 따뜻한 대화 속에 자라났다. 그 당시는 텔레비전과 라디오도 없던 시대였기 때문에 할머니의 구수한 입담은 사람들이 모이기에 충분한 동기가 되었다.

할머니의 마음이 고스란히 담긴 떡과 반찬들을 생각하자면 '정말 어떻게 이런 모든 것을 다 머릿속에 저장하고 계셨을까?'하고 신기한 생각이 들 정도이다. 24절기에 해당하는 계절의 변화에 민감하게 먹거리를 준비하셨던 할머니! 할머니가 즐겨 하셨던 모든 음식들은 사랑이 담긴 '사랑 비타민'이었던 것이리라. 할머니가 해주셨던 여러 가지 음식들은 떡과 강정, 콩죽, 팥죽, 두부, 콩나물, 도토리묵, 각종 산나물, 엿, 송화가루나 화분으로 만든 다식, 그야말로 웰빙 음식들 천지였다. 24절기에 필요한 모든 음식을 다 구해서 우리 손자들을 위해 먹이시던 할머니! 할머니는 특히 첫 손녀를 예뻐라 하셨다. 동네에 생일잔치가 열리면 할머니는 당신의 아들 얼굴을 꼭 빼닮은 손녀를 데리고 다니셨던 것이다. 그것이 쉬운 일이 아니건만……

할머니는 그 손녀 입에 들어가는 음식이 그리도 반가워 보였을까? 세월이 흘러 우리는 어머니의 '공부를 잘해야 한다.'는 일념으로 시내의 외할머니 댁으로 오게 되었다. 하루아침에 손자들과 생이별을 해야 했던 할머니 마음이 얼마나 아프셨을까? 나는 50년 가까이 살아오면서도 그런 슬펐던 할머니의 마음을 짐작조차 한 적이 없었다. 어느 날 할머니가 우리 삼남매가 너무도 그리워서 외할머니 댁으로 오신 적이 있었다. 그날 따라 할머니는 집에 돌아갈 생각도 안 하시고 하염없이 우리를 바라보고 계셨다. 어느덧 시간이 흘러서 잘 시간이 되자 우리 삼남매는 외할머니하고만 자겠다고 버텼다. 그 밤에 할머니는 건넌방에서 혼자 주무셨다. 할머니는 우리 삼남매를 잃어버린 것처럼 서러우셨으리라. 그 사건이 지난 얼마 후 할머니는 반평생 살아온 정든 집을 정리하고 우리가 있는 시내로 오시게 되었다. 할머니가 금쪽처럼 아끼던 광 속에 있던 생활 기구를 다 버리고 오신 것이다. 자연친화적이던 할머니가 그 모든 것을 다 버리고 오셨던 것이다. 할머니는 우리 삼남매가 전부였던 것이다. 자기 생활을 모두 버릴 만큼. 그래서 사랑은 이론이 아니다. 그럼에도 나는 철부지같이 할머니의 마음을 계속 거절했다. 그래서 나는 지금까지 여기 이 마음이 아려온다.

46

햄스터 사건을 통해서 나를 보다

며칠 전 우리 집에서 기르던 햄스터가 도망쳤다. 필자와 딸은 자신의 공간을 이탈한 햄스터를 추적했다. 햄스터는 아파트 베란다 어느 공간에 있을 것이라고 추측하고, 책장이 있는 곳 안쪽을 살펴보았다. 햄스터는 책을 쏠아 놓고 그 조각들을 책장 밖으로 흘려놓았다. 우리는 그 길 안쪽에 햄스터가 있는 것을 알 수 있었다. 필자는 딸에게 "너는 햄스터 안 무서워하니까 손으로 햄스터 잡아와." 딸은 엄마의 말에 어이가 없다는 듯이 햄스터 집을 가지고 와서 햄스터가 나가려고 하는 방향으로 햄스터 집을 열어놓자 그녀의 의도대로 햄스터는 그 집 안으로 들어갔다. 이 사건을 해결하면서 나는 나 자신을 보게 되었다. 이 문제를 포함하여 내가 얼마나 무지하고, 지혜가 없는 사람인지 나 자신을 너무나 잘 알게 된 것이다. 송양지인이란 고사처럼 적에게 나의 모든 것을 알리고 정정당당하게 싸운다는 명분으로 한나라를 멸망으로 몰아넣었던 어떤 어리석은 왕처럼 나는 그런 대화를 문제해결의 최고인 것처럼 살아온 것이다.

나는 그동안 모든 대인 관계에서 너무 상대의 잘못을 지적하고, 그것과 직면하게 만드는 상황을 의도적으로 만들었다. 그러니 나와 대화하는 모든 사람들은 얼마나 괴로웠을까? 마음이 넓고 충고를 받아들일 수 있는 넉넉한 마음과 지혜가 있는 사람들에게는 자신의 잘못을 받아들일 수 있는 마음의 준비가 되어 있다. 그러한 사람들에게나 가능한 상황과 대화였건만 나는 어린아이에게도 그러한 대화를 강요해왔던 것이다. 나는 눈이 퉁퉁 붓도록 눈물을 흘리며 반성하였다. 나는 너무나 직접적인 대화방법만을 고집했던 것이다. 내 인생의 모든 오류와 잘못을 보는 것처럼 마음이 부끄럽고 마음이 아파왔다. '도구의 인간'이라는 말만 적용했어도 나는 손으로 햄스터를 잡으라는 말을 하지 않았을 것이다. 마음을 보려했고, 자신이 지혜가 있는 것처럼 보였지만 나는 10살짜리 딸보다도 어리석고 미련하다는 것을 인정하지 않을 수 없었다. 며칠 전 귀엽다고 만지던 딸의 손가락을 물던 공격적 성향의 햄스터가 아닌가? 쥐도 궁지로 몰리면 문다고 했는데 그러다가 딸의 손이 물리기라도 했으면 어쩔 뻔했을까?

나는 그동안 자신에 대해서 몰라도 너무나 몰랐다. 지식이 준비되어 학문에 익숙하다고 지식인이라고 자처하면서 교만하게 행하지 않았나 반성이 되는 시간이었다. 나는 인간관계에서 직접적인 화법만 고집하고 융통성과 유연성이 결여된 인간이었다는 것을 절실히 깨닫게 되었다. 모든 문제에 대해서 돌려서 말해주고 단계적으로 말해주길 바라는 상대편의 마음도 헤아려주지 못하고 나는 그들이 문제인 것처럼 "직면하라"고 강요했다. 그들은 너무 힘들었을 것이다.

그들은 나의 학생들일 수도, 또는 나의 가족일 수도, 나를 아는 모든 사람들일 수도 있었다. 어째서 나는 모든 것을 아는 것처럼 그렇게도 요구를 했는지 부끄럽다.

그리고 필자가 아는 지혜로운 선배님이 필자에게 대인관계에서 밀고 당기는 지혜를 가지기를 조언해주었는데, 정말 필요한 것이었다. 대인관계에서 무조건 넘치도록 주기만 한다고 고마워하는 것이 아닌 것처럼 때로는 그냥 놔두는 것도 그 사람에게 필요한 것이다. 사랑도 관심도 너무 과하게 주는 것보다는 적당히 밀고 당기는 지혜가 필요하다고 하였다. 필자가 자주 빠지는 문제는 과하게 주거나 직접적으로 문제를 직면하게 해준다는 것이다. 이제는 정말 이 두 문제를 적당하게 조절해서 상대편이 받아들일 수 없을 때는 돌려서 말해주는 방법을 택해야겠다는 생각이 들었다.

돌려서 말해주는 것보다 더 좋은 방법은 말없이 바람직한 행동을 보여주는 것이 변화의 속도는 느릴지 모르지만 가장 영향력이 크다는 것도 알았다. 폭포수처럼 말해도 상대방의 마음이 닫혀 있을 때는 이웃집의 개가 짖는다 정도로 그치게 마련이다. 그것도 모르는 사람이 엄마이고 선생이었다니 침묵하는 묵언 수행부터 해야겠다. 침묵의 효용성을 이제야 알다니 마음에 관한 한 나는 왕초보다. 입의 절제부터 다시 시작해야겠다. 작심삼일이 되지 않기 위한 몸부림의 시작이다.

47
서의 실천

논어의 위령공 편을 보면 자자공이 공자에게 평생을 마음속에 간직하여 지켜나갈 한마디 말을 구한다. 공자는 그것은 서(恕)로서, 자기가 원하지 않는 것은 남에게도 시키지 않는 것이다. 서는 자기입장과 남의 입장을 바꿔서 생각해보는 것이다. 이러한 서의 개념을 가질 때 우리는 역지사지를 실천할 수 있고, 자기중심성에서 탈피할 수 있는 것이다. 필자도 이와 관련된 아픈 경험이 있다.

어린 시절 아버지와 특별한 사건이 있다. 이 일로 아버지와 나는 더 멀어졌을까? 아니면 더 가까워졌을까? 나는 도덕성을 배울 수 있는 아주 아프고도 괴로운 시간이었지만……. 아직도 아버지의 재판관이나 도덕선생님 같은 면이 느껴지기도 한다.

필자가 초등학교 1학년 때의 일이다. 우리 마을에는 경운기가 몇 대 없었다. 그중에 아버지는 어린 소녀의 눈에는 경운기를 가진 멋진(?) 분이었다. 어느 날 동네아이들과 학교에서 집까지 십 리 길을 걸어오고 있었다. 그날도 우리 뒤에서 경운기 소리가 들렸다. 우리는 너무 신나서 뒤를 돌아보았다. 아쉽게도 이장 아저씨였다. 그의 딸인 남숙 언니와 남순이는 신이 나서 "아빠" 하는 것이었다. 다행히 경운기에는 우리가 탈 자리가 많이 남아 있었다. 우리는 남숙 언니와 남순이를 아랑곳하지 않고 서로 경운기에 올라타려고 난리였다. 우리는 경운기 주인 딸인 남숙 언니보다 먼저 경운기에 타고 있었다. 남숙 언니는 여유 있게 천천히 걸어오더니 자기 아버지인 이장 아저씨에게 다가가더니 갑자기 큰소리로 울면서 이 애들이 자기네 경운기에 먼저 타서 기분 나쁘다고 하였다. 그러니 이 애들은 다 내리고 자기와 동생만 경운기에 타겠다고 했다. 그러자 이장 아저씨는 딸의 말만 듣고, 우리들의 의중은 상관없다는 듯이 내리라고 하였다. 우리는 할 수 없이 경운기에서 다 내렸다.

나의 어린 마음이 상하게 되었다. 남숙 언니의 이상한 행동이 정말 미웠다. 남숙 언니와 이장 아저씨는 우리들을 남겨놓고 휑하니 가버렸다. 우리들은 땡볕에 무거운 가방을 지고 입이 다 댓 발이나 나와서 먼 길을 터덜터덜 걸어가는 수밖에 없었다.

며칠 후에 우리가 학교를 파하고 먼 길을 걸어가고 있었는데 또 경운기가 오고 있었다. 웬일인가? 너무나도 반갑게 우리 아버지의 경운기였다. 아이들은 신났고 그중에는 고집스럽고 자기밖에 모르는 남숙 언니도 있었다. 남숙 언니와 남순이는 경운기에 먼저 올라탔고 다른 아이들도 경운기에 올라탔다. 나는 경운기에 타지 못하고 있었다. 그러자 아버지는 키가 작고 왜소한 나를 안아서 태워주려고 나에게 다가오셨다. 나는 며칠 전 남숙 언니의 미운 행동이 계속 생각이 났고 복수해주고 싶은 마음이 들었다. 딸에게 사랑스럽고 자애로운 아버지의 눈길을 보자 더욱 용기가 났다. 나는 아버지에게 이렇게 말했다. "이 아이들이 주인인 나보다 먼저 탔으니, 다 내리게 하고 나만 아버지 경운기를 타고 갈 거야." 그러자 아버지는 "안 된다. 다들 얼마나 다리가 아프겠니? 같이 가자" 하셨다. 그럴수록 나는 더 약이 오르고 화가 치밀었다. 아버지 마음에는 나보다 이 동네 아이들이 더 중요한가 하는 마음에 눈물이 울컥 솟아올랐다. 나는 울부짖으면서 "나만 탈거야. 애들은 내리라고 해"라고 말했다. 내가 계속 고집을 쓰며 이 아이들이 안 내리면 난 경운기를 안 타겠다고 선언하자 아버지의 얼굴은 더욱 굳어졌다. 아버지는 슬픈 얼굴로 그러면 할 수 없이 그냥 나를 내버려두고 가겠다고 하였다. 나는 더욱 큰소리로 울부짖으면서 나를 태우고 이 아이들은 다 내리라고 하였다. 아버지는 단호한 얼굴로 정말로 딸인 나를 내버려두고 경운기 운전대를 잡고 가버리셨다. 아버지는 이장 아저씨와는 다르게 친딸인 나를 버리고 동네 아이들을 데리고 가셨다. 나는 정말 먼 길을 울면서 아빠를 외치며 집까지 걸어갔다. 나를 버리고 간 아버지를 정말 이해할 수가 없었다. 7살 나이의 어린 나는 정말 아버지가 나의 친아버지인지 궁금했다. 아버지는 어린 딸이 무엇을 배우길 원하셨을까? 그 후로 나는 아버지 눈을 똑바로 보지 않았다. 원망의 마음이 한쪽에 있었기 때문이었다.

때로 꿈을 꿀 때 그날이 생생하게 재현된다. 나를 버린 아버지, 내가 양심대로 살지 않을 경우 나를 언제든지 혼내고 야단할 아버지를 떠올리며 살아왔다. 내 양심과 내 도덕의지가 발달할 수 있었던 것은 '경운기 사건'이 있었기 때문이다. 그러면서도 한쪽에서 내 마음은 아프다. 그때 아버지가 나를 택했다면 과연 내가 이 세상에서 양심을 지키면서 살 수 있었을까? 나하고 싶은 대로 양심을 속이면서 살았을까? 아버지는 그날 나에게 무엇보다도 큰 인생의 큰 가르침을 주고 싶으셔서 그러셨을 것이다. 그 후 나는 많은 스승을 만났고, 훌륭한 사회적 인사를 가까이에서 보았지만 그 어떠한 사람도 우리 아버지만큼 공명정대한 사람을 보지 못했다. 아버지는 내가 지켜본 모든 사람 중에 가장 법, 도덕, 양심 준수를 잘한 분이다. 가장 평범한 일상 중에서 가장 큰 교육을 실천하신 우리 아버지 '백인환.' 그분이 지금 여기에 이 새벽에 나의 마음에 함께 있다. 아버지 이제 아버지 마음을 조금 알 것 같아요. 그날 아버지도 경운기 키를 잡고 가면서 우셨다는 것을요. 네가 중요하니? 타인도 너만큼 중요하단다. 이것이 아버지에게 가슴 시리게 받은 인생의 황금률이다.

48

삶은 이론이 아니고 실천이다

아리스토텔레스는 우리가 살고 있는 이 세상의 지식(학문)을 이론학, 실천학, 제작학으로 나누고 있다. 이론학에는 자연학, 수학, 신학이 있고, 실천학에는 윤리와 정치학 등이 속해 있고, 제작학에는 대표적으로 시학으로 범주를 나누고 있다.

이렇게 분류하는 것은 이러한 지성적 영역이 서로 교류하고 섞일 수 없는 것처럼 만들어버리는 폐단이 있다. 이론학의 수학과 신학이 우리의 삶에 이론으로만 남을 때 무슨 가치가 있겠는가? 신학을 대표할 수 있는 성경이 우리에게 공허한 이론으로만 남을 때 우리는 과연 성경에서 우리 삶으로 무엇을 배우고 적용할 수 있겠는가? 이론을 비로소 자신의 삶에 적용시킬 때 진정한 가치가 있는 것이다. 정보와 지식이 가치를 가지게 되는 것은 실생활에서 지식과 정보가 살아서 움직일 때이다. 순수학문도 그 가치가 중립적이라고 하지만 그것을 우리가 더 나은 세상을 만들기 위해 사용할 때에 의미가 있고 가치가 있는 것이라고 본다. 지식과 삶의 능동적 교감이 바로 지혜인 것이다. 인류의 모든 학문이 부분적인 사람들의 이론으로만 남지 않고 우리의 삶으로 들어와서 활발히 교류할 수 있을 때 우리는 지식을 지혜로 변화시키는 변환자가 될 수 있을 것이다.

제환공이 어전에서 책을 읽고 있는데 윤편이라는 목수가 어전 뜰에서 수레바퀴를 깎고 있다가 연장을 놓고 어전에까지 올라와서 환공에게 지금 읽는 책은 누구의 말씀이 적혀 있냐고 묻는다. 환공은 성인의 말씀이 적혀 있다 하고 답한다. "그 성인이 지금 살아 있나요?"라고 묻자 환공이 말하기를 이미 돌아가신 지 오래이다. 목수가 말하기를 "그러고 보니 전하께서 읽고 계신 것은 옛사람의 찌꺼기로군요" 하자 환공이 말하기를 "아니 과인이 글을 읽는데 네가 감히 그런 말을 하다니 그만한 이유라도 있으면 모르되 그렇지 않으면 너는 살아남지 못하리라" 한다. 그러자 윤편은 거침없이 말을 이어간다. 바퀴를 깎을 때 너무 크게 하면 들어가지 않고, 너무 작게 하면 덜거덕거려 맞지 않는다 하면서 매번 같은 손으로 만들지만 '영감' 같은 게 작용한다고 말한다. 그러면서 이런 마음은 자식에게 전해줄 수도 없고, 가르칠 수도 없는 것이라서 자신이 70살이 넘도록 이 일을 한다고 하였다. 그러니 전하께서도 지금 읽는 성인의 글은 성현의 버린 찌꺼기를 주워 담는 것이라고 한다.

이론적 세계에 갇혀 있는 직업을 가진 사람들은 대부분 실천에 약하다. 그것을 현실에 적용하려고 시도를 하지 않는다. 이론은 높고 현실에서 실천하지 못하니 그 괴리감은 고통을 낳는다. 양심이 조금 살아 있을 때라야 고통스럽지 그나마 양심이 현실과 타협할 때는 자신이 마치 이론대로 사는 것처럼 착각을 한다. 아니 그냥 이론과 현실의 나를 분리시키고야 만다. 제환공과 윤편이 나눈 대화는 부분적이다. 제환공이 성인의 글을 제대로 읽을 수 있는 길은 마음으로, 열린 마음으로 실천할 때 비로소 성현이 버린 찌꺼기가 아닌 성현이 말했던 의미보다 한층 더 높아진 수준의 행동을 실천할 수가 있다. 우리의 상황은 매번 바뀌고 한 가지 이론을 실천하는 것은 여러 가지 변수가 따르지만 우리의 마음만은 지킬 수가 있다. 그 마음으로 실천한다면 우리는 부정적이고 힘든 상황에서도 선을 지킬 수가 있을 것이다. 성현의 찌꺼기로 남지 않기 위해서 우리는 현실에서 실천의 힘이 꼭 필요하다. 지식인들은 습관적으로 책을 읽고 있지만 그 책에서 읽은 것을 얼마나 삶에 적용시키는가는 의문이다.

모든 인류의 책과 글들이 성현의 찌꺼기로 남지 않기 위해서 우리는 어떻게 해야 하는가?

본보기가 되고 인생의 귀감이 될 수 있는 글들을 성현이 그 일을 행했을 때의 심정을 공감하면서 읽어나갈 때 그 글을 마음의 눈으로 볼 수 있다. 그리고 그 글이 내 삶에 운동력을 가질 수 있도록 나와 그 글이 하나가 되어야 한다. 성현의 글을 피상적으로 보는 눈이 아닌 마음의 눈으로 볼 수 있을 때, 우리는 비로소 성현의 찌꺼기가 아닌 성현의 글을 재해석해서 내 생활에서 운동력 있는 실천을 할 수 있을 것이다. 디지털 시대에 정보와 지식은 더 이상 지식인들의 전유물이 아니다. 이 시대에 중요한 것은 지식과 정보를 얼마나 능동적으로 우리 삶에 적용시킬 수 있는가? 이것이 가장 중요한 핵심이다.

49

보는 것과 관찰하는 것은 다르다

　같은 사과를 보더라도 전공자의 눈으로 보는 것은 다르게 다가온다. 식품영양학을 전공한 사람에게는 사과의 영양과 성분 분석이 먼저 다가올 것이고, 국문학을 전공한 사람은 사과에 대한 시가 떠오를 것이고, 시각예술을 전공한 사람은 사과의 색과 모양에 대한 생각을 할 것이며, 체육을 전공한 사람은 축구공과 비슷하다 하는 생각을 할 것이다. 이와 같이 우리의 지식과 경험에서 같은 사과를 보더라도 다르게 보일 수 있는 것이다. 본다는 것은 우리의 눈을 통해 사물의 겉모습만 볼 뿐이다. 보이는 세계에 갇혀서 그 내면에 어떠한 속성이 있는지 볼 수 없다면 단지 감각을 사용하여 볼 뿐이다. 자연을 볼 때 그것의 외향을 즐길 수 있는 눈이 있다면 그 자연을 최소한 훼손하지는 않을 것이다. 그러나 우리는 마음의 차원으로 그것을 볼 수 있을 때 보이지 않는 세계에 대해 생각해볼 수 있다. 공기나 바람은 우리의 눈으로 볼 수 없지만 보이지 않는 세계에 존재하는 것들이다. 이런 것은 우리의 감각으로 잘 느껴지지 않을 수 있지만 분명히 존재하는 것들이다. 보는 것은 감각으로 보는 것이고, 관찰하는 것은 그것의 겉모습과 속모습을 마음의 눈으로 보는 것을 의미한다. 관찰하는 눈은 그것을 오랫동안 바라다보며 그 색과 형태에 대해 마음속으로 느끼게 된다. 마음의 눈으로 대상을 바라다보면, 아름다움을 느끼게 되고, 좋아하게 되고, 사랑하게 되는 것이다. 이러한 관찰을 할 수 있는 눈을 가진 사람들은 그렇게 많지 않은 듯하다. 이러한 관찰을 할 수 있는 사람들은 그 위 단계로 갈 수 있는 잠재력과 가능성이 있는 사람들이다. 사물과 대상을 관찰할 수 있을 때 세상이 달라져 보인다. 이러한 능력을 가진 사람들은 그 사물과 대상을 볼 때 그 아름다움의 외향적 속성과 내향적 속성 두 가지의 진정한 가치를 느끼게 되는 것이다.

그러나 요즘 세상의 기준은 사랑은 움직이는 것이라고 규정하고 있지 않은가? 이러한 세상에서 어찌 이 느림의 가치인 관찰의 눈을 획득할 것인가?

단순히 눈으로 보는 것이 아니라, 눈으로 자세히 느림의 시선을 통해 관찰한다는 것은 어떤 대상의 외면보다 내면을 바라볼 때 가능한 것이다. 그것의 가치를 느낄 때나 가능한 일이다. 관찰한다는 것은 내 마음의 사적인 욕심으로 어떤 목적을 달성하기 위한 욕망의 시선이 아닌 그 대상의 있는 그대로의 존재로서 바라볼 때 가능한 것이다. 같은 사물과 대상을 바라보면서도 마음의 의식 수준에 따라 달라질 수 있다.

예를 들면 '고흐의 장미'라는 작품을 바라볼 때 미술학도의 눈에는 '고흐의 장미'를 바라보고 감동을 받아 그림을 그리게 한 고흐의 마음을 짐작할 것이며, 경제인의 눈에는 그 그림을 경제적 가치로 보거나 돈으로 얼마나 값어치 있나 따져볼 것이다. 도둑의 눈에는 그 그림이 아름다움이나 미적 가치는 보이지 않고 다만 자기 것으로 소유하기 위해서 어떻게 훔칠 것인가만을 생각할 것이다. 인류는 역사 이래 볼 수 있는 감각적인 눈으로만 사물과 대상을 바라보았기에 사물과 대상에 대한 이용가치만을 부각시켜 왔다. 그러나 사물과 대상을 이용가치가 아닌, 마음의 눈으로 사랑을 더해 볼 수만 있다면 사물과 대상을 나의 목적을 위해 파괴하는 것이 아니라 함께 존재하기 위해서 행동하게 될 것이다. 사물이나 대상을 아는 만큼 이해하고, 수용하고, 좋아하고, 사랑할 수 있을 것이다.

나는 습관적으로 한 사람, 한 꽃, 한 나무를 관찰한다. 그리고 그 속에 숨어 있는 외형적 아름다움과 그리고 나아가서 순수한 존재의 이유와 생명의 경이에 놀라곤 한다. 이 모든 것은 내가 관찰할 수 있는 눈을 가지게 되면서 성장하게 된 의식들이다. 우리가 관찰할 수 있는 눈을 가지게 되면 부정적인 눈으로부터 파생되는 불평과 불만이 사라지게 되고, 마음이 고요해질 수 있다. 더 나아가 사물과 대상에서 외적인 미를 발견하는 것은 물론이고, 내적인 가치까지도 발견하게 된다. 우리 모두 그러한 눈으로 사물과 대상을 사랑할 수 있기를 바란다.

50

나를 지키는 방법

요즘 우리나라의 화두는 "미투" 운동이다. 세상의 권력 있고 힘 있는 사람들의 일부 중 성도덕이 없는 사람이 힘없는 약자에게 행하는 폭력이다. 당한 사람은 그 일이 있은 후에도 그 상처로부터 자유롭지 못하다. 몸의 상처와 마음의 상처로 인해 사회생활과 일상생활이 어렵다. 우선 폭행당한 장소 근처도 가기 싫거나 의식적으로 피해 다니게 된다. 또 폭행한 사람을 다시 만난다는 것은 그 상처를 다시 회상시키게 되는 직접적인 단서가 된다. 자라 보고 놀란 가슴 솥뚜껑 보고 놀란다는 말처럼 폭행한 사람과 비슷한 사람을 만나기만 해도 상처에 소금을 뿌리듯 아프고 힘들다. 가해자들이 취하는 태도는 거의 비슷하다. 안 했다고 발뺌을 하거나, 핑계를 대거나, 일부 시인하거나, 반성하는 마음으로 사과하는 것이다.

모 국회의원인 사람은 처음에는 자신이 폭행 안 했다고 발뺌을 했으나 명백하게 호텔방으로 들어가는 본인과 피해여성의 모습을

cctv 증거를 확보하자 두문불출하고 아무런 답변도 하지 않고 있다. 인간이 아무리 자기중심적이고 이기적인 동물이라고 하지만, 최소한 인간으로서의 도덕성을 가지지 못한 사람들이 권력을 가지게 되면 겉으로는 선한 척하지만 뒤에서는 약자를 괴롭히면서 자기 힘을 과시하기 마련이다. 가해자가 자기중심적이고 이기적인 행동에서 벗어나기를 바라는 마음이다.

선악 간의 판단력과 분별이 없는 미성년자를 호텔로 유인하는 가해자는 양심이나 도덕성이 없다고 본다. 그나마 선악 간에 분별력이 있는 성인을 대상으로 해서 호텔에 들어갔다는 것은 가해자와 피해자 간의 어느 정도 친분이 있는 상태에서 벌어졌을 가능성이 있다. 여성들은 정절을 포기하고 타협할 때 남성들보다 쉬운 방법으로 사회적, 경제적으로 이익을 얻을 수 있다. 그런 유혹이 올 때 성적 도덕적으로 분별력이 없는 여성들은 권위가 있는 남성의 유혹을 뿌리치지 못한다. 단칼에 그 제의를 거절해야 한다. 죄를 짓기 쉬운 유혹의 장소에 왜 동행하는가? 물론 미성년자를 유혹하는 가해자는 더 나쁘다고 본다. 성인 여성들은 그 유혹의 장소에 동행할 때는 가해자가 어떤 행동을 해올지 본능적으로 느낄 수 있는 것이다. 그럴 때 마음의 소리를 들을 수 있는 선한 마음과 선악 간의 분별력이 있어야 한다.

우리나라 문화에도 하위문화와 상위문화가 있다. 고상해보이고, 부유하게 보이는 하위문화도 있는데 호텔문화가 그중에 하나이다. 굳이 세미나와 컨퍼런스를 호텔에서 하는 것은 정말 이해가 되지 않는다. 호텔의 원래 목적은 여행자나, 일을 위해 출장한 사람들의 편리를 위해서 만들어진 것이다. 그러나 호텔이 순수한 기능이 변질 되면서 여행자나 출장자를 위한 목적이기보다는 부유층의 사적인 불륜을 위한 장소로 제공되고 있기도 한 것이다. 주객이 전도된 입장이다. 호텔은 이러한 이미지를 개선하기 위해 이미지 메이킹을 대대적으로 한다. 연예인의 결혼식이라든지, 아니면 유명한 학자를 초청해서 세미나를 연다든지 하는 것이다. 그러나 그러한 일보다는 호텔의 어두운 그림자처럼 추악한 면이 많이 있다. 불륜의 현장은 거의 대부분이 호텔이라는 그럴 듯한 장소인 것이다. 나는 호텔의 두 얼굴을 따지고 싶지 않다. 다만 그런 유혹의 장소에는 가지 않는 것이 나를 지키는 방법이라고 제안하고 싶다. 굳이 호텔에 가지 않더라고 만남을 가질 수 있는 공간은 얼마든지 있기 때문이다.

옛날 우리 선비들은 오이 밭에서 신을 고쳐 신지 말고 오얏나무 아래서 갓을 고쳐 쓰지 말라 했던 것처럼 자신이 오해받을 행동을 하지 않는 것이 '구설수'에서 자신을 지키는 방법이다. 필자도 남편을 위한 작은 배려를 한다. 즉 아무리 사회생활을 하고 있다고 해도 남자와 단둘이 차를 타지 않는 철칙이 있다. 필자의 남편은 자신의 부족한 아내를 꽤나 예쁘게 봐준다. 이것은 순전히 남편의 주관적인 판단일 뿐이지만 감사한 일이다. 얼마 전 선배 언니와 먹거리 장터에 갔다가 선배 언니가 자신은 볼일이 있으니 자신의 남편을 어느 장소에 데려다주라고 한다. 물론 그분의 인품이나 도덕성으로 보아 그런 일을 할 사람으로 보이지 않는다. 그러나 나는 남편을 위해 나의 행동을 조심한다. 선배 언니가 서운할 수도 있지만 나는 그쪽으로 가지 않고 다른 행선지가 있다고 하얀 거짓말을 했다. 혹여 낯선 남성과 차를 같이 타고 가다가 직접 남편이 목격하지 않는다 해도 남편의 지인이 보고 남편에게 전할 수도 있는 것이다. 필자의 남편은 아내바라기이다. 그런 사랑하는 남편을 실망시키고 싶지도 않고, 오해로 마음 아프게 하고 싶지 않은 남편을 위한 나의 작은 실천과 배려이다. 그리고 나아가서는 나를 지키는 촌스러운 고집 같은(?) 방법이기도 하다.

51

신의 성품과 어머니

   '신과 함께'라는 영화를 보면 아들과 어머니의 진정한 마음의 만남과 용서와 사랑이 담긴 이야기가 있다. 큰아들은 병든 엄마와 먹지 못해 영양실조에 걸린 동생과 함께 동반자살을 결심하게 되는데, 이때 엄마를 먼저 베게로 누르려고 할 때 아무것도 모르는 동생은 형을 말리게 된다. 형은 그동안 참아왔던 인내심이 자제력을 잃고 동생에게 폭력을 행하게 된다. 그 후 형은 집을 나가 15년 동안 돌아오지 않다가 사고로 죽게 된다. 살아생전에 할 수 없었던 일, 엄마에게 용서를 구하는 일은 꿈에서 동생과 엄마의 꿈속에서 이루어지게 된다. 엄마는 그날 밤 큰아들의 행동을 잠들지 않고 다 알고 있었다. 엄마는 이렇게 말한다. "너희들은 아무 죄 없다. 이 엄마가 못나서 생긴 일이다." 모든 죄와 허물을 자식들에게 돌리지 않은 헌신과 희생의 마음이 어머니의 마음이다.

   아무리 시대가 변화해도 임신, 출산, 아이를 키우는 것은 생명과 자연의 원리를 알아야 답이 보인다. 하지만 요즘 신세대들은 생명의 신비니 자연의 원리니 이런 것은 생각지도 않은 채, 전문가의 손에 맡기기만 한다. 그러니 자본주의의 병폐인 화폐의 법칙으로 들어가 자신들은 철저히 수동적인 존재가 되고 만다. 임신하게 되면 출산 용품을 쟁이는 것으로 시작해서 명품 옷, 명품 아기 침대, 수백 만 원을 호가하는 유모차 등을 경쟁적으로 사재기한다. 출산도 마찬가지이다. 인테리어와 그럴듯한 학위를 가진 의사가 있는 병원에서 출산하고, 산모들은 이어서 유명한 산후조리원에 가야 한다. 그 후 아이를 키우는 육아도 모두 엄마의 마음보다는 온통 외적인 것들로 치장을 하기에 바쁘다. 온통 눈에 보이는 것들을 타인과 경쟁적으로 소유하기에 정신이 없다. 예전에 어머니들은 우리들을 돈으로 키운 것이 아니라 마음으로 키우셨다. 마음을 다해 태교하고, 희생의 마음을 다해 아이를 낳고 키우셨다.

알다시피 성경은 특정한 종교인들이 보는 경서가 아니라, 글을 읽을 수 있는 사람들이라면 가깝게 볼 수 있는 글이다. 지혜로워지고 싶고, 대인관계를 잘하기 위해, 사람의 마음을 알기 위해서, 잠언을 읽으면 도움을 많이 받을 수 있다. 성경을 통해 역사와 교훈을 삼을 수가 있다. 성경은 신의 글로서 인류를 마음의 길로 안내해주는 의미심장한 메시지를 담고 있다. 신의 성품은 믿음, 덕, 지식, 절제, 인내, 경건, 우애, 사랑이라고 나와 있다. 여성은 남성에 비해 마음을 탐색하고 생명의 경이와 자연의 이치를 터득할 수 있는 기간이 있는데 바로 임신기간이다. 임신기간 동안 감정의 기복이 있을 수도 있으나, 좋은 면으로 보면 자신의 감각을 민감하게 가질 수 있기에 자연의 경이를 느낄 수 있는 충만한 시간이 되기도 한다. 임신기간 동안 아이가 건강할 것이라는 믿음이 있기에 산모는 기쁨으로 열 달을 인내한다. 좋은 것만 생각하고, 지나가는 작은 생명체조차도 아끼는 덕을 쌓게 된다. 또 뱃속의 아기에게 지적인 호기심을 가질 수 있도록 좋은 책을 태교 방법으로 선택하고 지식을 쌓아간다. 또 아기에게 해로운 모든 먹거리를 절제한다. 자기가 좋아하는 모든 음식은 먹는 것이 아니라 삼가게 되는 것이 바로 절제에 해당이 된다. 자신을 육체와 생각의 더러움으로 지켜서 엄숙하게 생활하는데, 이것은 아기를 보호하고자 하는 마음에서 비롯된다. 또 자신의 모든 관계에서 우애와 사랑을 나누려고 한다. 어머니는 임신기간 동안 아름다운 성품을 준비할 수 있는 수양의 기간을 가지게 될 수 있다. 그런 점에서 여성은 남성보다 부드러운 리더십을 가질 수 있게 되는 것이다. 여성에서 어머니가 되는 길에는 임신과 출산을 통해 내적 성장을 할 수 있기에 가능한 일이다. 어머니는 생명에 대한 공감과 유대를 통해 아기와 소통하게 된다. 필자도 임신기간 동안 아기와의 대화를 통해 눈에 보이지는 않지만 보이지 않는 세계에 대한 놀라움과 감탄을 느낄 수 있게 되었다. 눈에 보이지 않지만 실제로 존재하는 것들이 있기에 우리는 겸손을 배울 수 있게 되고 우리 자신이 자연의 일부이며, 스스로 살아가는 것이 아니라는 것을 느끼게 되는 것이다.

어머니의 이름은 숭고하다. 어머니라는 이름에는 사랑과 희생이 전제되어 있다. 열 달 동안 스스로를 절제하고 인내하는 그 마음을 통해서 어머니는 사랑이라는 고귀한 성품에 다가가게 된다. 열 달 후 만나게 될 거라는 믿음으로 아기를 위해서라면 자신의 안위나 편안함보다는 아기를 위해 희생하게 되는 것이다. 믿음, 덕, 지식,

절제, 인내, 경건, 우애, 사랑 그리고 나아가 신의 영역인 생명 탄생이라는 자리(창조 영역)까지 들어가게 되는 것이다.

임신했을 때는 호르몬의 작용으로 온 감각이 예민하게 되어 자연의 소리에 귀를 기울이게 된다. 이러한 예민함으로 인해 생명의 신비함을 느낄 수 있다.

52

선녀 같은 어머니

우리 어머니의 고운 얼굴에 어느덧 세월의 흔적인 주름살이 묻어난다. 어머니를 생각하면 감동이고, 눈물이고, 사랑의 샘 같다. 우리 어머니가 베풀었던 사랑은 오늘을 살 수 있는 내 인생의 자양분이다. 초등학교 1학년 때의 일이다. 그날도 나는 학교에서 수업 후 친구들과 놀다가 그만 동네 친구들과 함께 가지 못했다. 혼자서 집으로 걸어오고 있는데 뱃소리가 났다. 우리 고향은 시내로 나가려면 배를 타고 춘천시까지 나가야만 하는 곳이었다. 혹시 시내에 농산물을 팔러 갔던 어머니가 돌아오나 내심 기대를 하고 집으로 가는 어귀에서 어머니를 기다렸다. 가장 예쁘고 귀한 어머니의 모습이 보였다. 나는 너무나 반가운 나머지 어머니 품속으로 달려들었다. 나를 보며 젊디젊은 어머니는 그 고운 얼굴을 나의 얼굴에 부비는 것이었다. 어머니는 내 책가방을 들다가 깜짝 놀라셨다. "너 점심 안 먹었니? 세상에! 지금 시간이 4시 배가 도착했으니 4시 반은 되었는데

아직도 안 먹었으니 얼마나 배고프겠니?" 어머니는 커다란 밤나무
가 있는 언덕에 딸을 앉히고는 도시락을 열었다. 왜 점심을 안 먹었
는지 고백하라고 했다. 나는 어머니에게 왜 점심을 안 먹었는지 고
백했다. "창피하단 말이야." 고추장 반찬이 창피하다고 말했다. 어
머니는 우리 마을에서 흔하게 딸 수 있는 송이버섯을 고추장에 박
아 놓고 여름에도 송이 고추장을 도시락 반찬으로 싸주신 것이었다.
어머니는 먼저 아주 맛있게 한 입 크기로 떠서 세상에서 가장 맛있
는 표정으로 송이 고추장 밥을 먼저 한 입 먹었다. 어머니의 표정을
보니 갑자기 식욕이 생기는 것이었다. 나는 그 시절 비위가 약하고
식욕이 전혀 없었다. 그래서 나의 몸은 비쩍 말라 있었다. 어머니의
딸을 향한 지극한 사랑의 마음이 전해졌던 것이다. 어머니가 비벼주
신 송이 고추장 밥은 어느새 세상에서 가장 맛있는 음식으로 변해
서 입으로 쏙쏙 들어갔다. 그 후에 같이 먹자는 내 말에도 어머니는
배부르다며 극구 사양하셨다.

그날 먹은 뒤늦은 점심 도시락은 정말 아름다운 나의 추억이 되
었다. 꽃냄새가 가득한 언덕, 뒤편에는 서낭당이 있었다. 혼자 다닐
때는 그렇게도 무섭던 서낭당도 어머니와 함께라서 그런지 정겹게
느껴졌다. 집으로 돌아오는 길은 너무도 빨리 지나갔다. 가장 곱고
예쁜 어머니와 가니 나는 구름 위에 올라 탄 것처럼 신나고 즐겁고
기뻤다. 어머니는 그때 27세 꽃다운 나이였다. 우리 어머니는 마을
에서 가장 부지런하고, 마음이 곱고, 반찬솜씨가 좋고, 배고픈 사람
을 불쌍히 여겨 먹을 것을 나눠주는 그런 사람이었다. 어머니는 맵
씨, 솜씨, 마음씨, 말씨를 갖춘 여인이었다. 그러니 그런 어머니를
보석같이 생각하는 것은 자연스러운 일이었다.

어머니는 항상 입성이 좋아야 한다면서 학교 다닐 때 입는 옷은 가장 좋은 옷으로 다림질을 해주셨다. 어머니는 자신도 단정하고 예쁘게 하고 다니셨다. 농부의 아내가 입을 수 있는 옷이 아닌 선생님이 즐겨 입는 정장을 많이 입으셨다. 어머니는 치마보다는 바지 정장을 주로 입으셨다. 베이지색 바지 정장을 입고 아버지와 여행을 떠날 때 어머니는 정말 아름다우셨다. 어머니는 딸에게 겨울을 제외하고는 항상 원피스를 입혀주셨다. 그 당시 흰색 스타킹을 구하기 힘든 시대였고, 매일 손빨래를 해야 함에도 어머니는 원피스를 고집하셨다. 어머니는 색채에 대한 지식을 배운 적이 없는데도 꽃으로부터 색에 대한 지식을 준비하고, 삶에 적용하였던 것이다. 어머니는 솜씨가 있는 분이셨다. 요리면 요리, 옷감에 대한 지혜도 있으셨다. 재봉틀을 사용해서 커튼, 이불과 우리 옷도 만들어주셨다. 어머니는 또 요리를 잘하셔서 동네잔치에 불려 다니셨다. 어머니가 요리를 잘하시게 된 역사에는 어린 시절에 고생을 너무 많이 한 까닭이 있었다. 어머니는 초등학교에 들어갈 나이부터 너무 가난하여 오싱처럼 남의 집살이를 하였던 것이었다. 어머니는 그럼에도 배움에 대한 열망이 있어서 성당에서 하는 한글학교에 다녀서 글을 읽고 쓸 수 있다. 어머니는 부잣집에서 식모살이를 해서 부모님과 동생들 뒷바라지를 했다. 그때 배운 음식 솜씨가 어머니를 동네에서 인기 있는 사람으로 만들어준 것이었다. 나는 이 이야기를 어머니로부터 들을 때면 가슴이 먹먹하다. 어머니는 잔칫집에 가는 날이면 학교 끝나고 그리로 오라고 하셨다. 몸이 약한 나를 꼭 그리로 오게 하였다. 어머니는 요리를 워낙에 잘했고 다른 사람들이 못하는 고급요리를 잘했기 때문에 나는 눈치받지 않고 당당하게 문으로 들어갔다. 기름

냄새가 진동하는 그 잔치 집에 가면 어머니는 나를 꼭 안아주셨다. 그리고 내가 좋아하는 것으로 골라서 싸주셨다. 나는 떡은 싫어하였기에 어머니는 내가 좋아하는 김치전, 야채전이며, 생선전을 한가득 싸주셨다. 나는 집으로 오면서 신이 나서 먹곤 했다. 몸이 약한 나는 어머니의 사랑과 관심을 독차지하곤 했다.

어머니는 동생들보다 몸이 약한 나에게 신경을 많이 써주셨다. 아침에는 집에 키우던 닭이 낳은 따끈한 알에서 노른자만 분리해서 밥물, 참기름, 꿀을 넣은 어머니표 보약을 5학년까지 먹이셨다. 어머니의 사랑스런 마음씨는 천성이었던 것이다. 또한 어머니의 말씨는 항상 예의가 있었다. 아무리 화가 나도 나에게 욕을 하신 적이 없으셨다. 너무 힘들 때 어머니가 우신 적을 보았으나 타인에게 욕을 하는 것을 지금껏 보지 못했다. 어머니는 세상의 더러움으로부터 자신을 지켜 욕을 하지 않으셨다. 어머니는 번개시장이라는 전통시장에서 장사를 37살부터 33년간 해오셨다. 예전 시장에는 거친 말들이 오고 가곤 했다. 그런 중에도 어머니는 다른 사람이 자신에게 욕을 해도 욕으로 갚은 적이 없으신 것이다. 우리 어머니는 맵씨, 솜씨, 마음씨, 말씨를 소유하고 계신 보물 같은 분이다.

53

장 의존적인 사람과 장 독립적인 사람

　가장 어려울 때 도움을 청할 수 있는 사람을 가졌다는 것은 정말 행운이고 든든한 버팀목이 된다. 얼마 전 급하게 돈이 필요한 일이 발생했다. 필자가 가장 먼저 떠올린 사람은 둘째 남동생이었다. 동생은 세상에서 말하는 최고 학벌을 가진 사람이다. 세상에서 나름 성공을 해서 우리 집안에서 가장 잘 나가는 사람이다. 나의 아들을 비롯한 조카들의 존경을 받는 사람으로 요즘 한창 이슈가 되고 있는 "인공지능"에 관련된 벤처기업의 이사로 재직 중이다.

　1년 전 5월 8일에 동생은 누나에게 전화를 걸어서 고맙다고 말했다. "누나, 내가 대학 떨어지고 후기 대학에 안 가겠다고 할 때 누나가 멀리까지 가서 대학 원서를 넣어주었잖아? 고마워! 그때 전공을 잘 선택했고, 지금의 성공은 누나의 정신적, 물질적 후원 덕분이었어. 누나는 나에게 부모님 같은 사람이야"라고 말했다. 누나가 아니었으면 대학도 못 갔을 거고, 대학원 진학도 그렇게 쉽지는 않았을 것이고, 결국 자기 인생을 만든 것은 부모님 같은 누나라고 말이다. 누나라는 존재는 자신에게는 부모님 같은 존재라고 했다. 나중에는 좀 울먹거렸다.

막내 동생은 참 대견하고 자랑스럽다. 대학에서는 과대표도 했고, 대학 졸업하기 전에 토목기사 1급 자격증도 따고, 군대를 다녀온 후 대학원에 바로 진학하지 않고 6개월 동안 노점상도 했다. 노점상을 해서 번 삼백만 원도 어머니께 다 드렸던 효자다. 대학원 다닐 때는 장학금을 받고 다녔다. 나는 그런 동생이 한없이 측은했다. 그래서 학교 다니는 동안 동생의 생활비를 지원했다. 나는 동생의 정서적, 경제적 든든한 후원자였다. 그랬기에 누나의 도움 요청에 흔쾌히 받아들일 줄 알았다. 내심 기대했었다. 그러나 동생은 목동에서 아이들 둘 키우면서 생활하기 힘들다고 올케에게는 말하지 말라고 당부하면서 한 달 후에 얼마간의 돈을 마련해보겠다고 한다. 둘째는 자신의 속마음을 털어놓았다. 누나가 잘 돼서 자신에게 용돈을 주었으면 한다고 했다. 오히려 매형에게 도움을 청하는 것이 낫다고 하는 것이었다.

이에 비해 첫째 동생에게 도움을 요청하자 흔쾌히 돈을 다음 날에 붙여주는 것이었다. 첫째 남동생은 과묵하고 막내와 다르게 공부도 많이 못 했다. 첫째 남동생이 공부는 제일 잘했지만 운이 따라주지 않아 대학 진학도 못 했고 다시 도전할 생각도 하지 않았다. 첫째 동생은 그 후 골프장에서 카트 정비일을 하고 있다. 동생은 성실하고 착했다. 성실하고 착한 사람은 이기적이고 자기중심적인 사람에게 이용당하기 쉬운데 동생은 낭비벽이 심한 아내를 만났다. 동생은 낭비벽 심한 아내를 감당할 수 없어 마지막으로 10년간 일했던 직장의 퇴직금까지 모두 아내를 주고 이혼 후 혼자 아이를 키우며 살고 있다. 난 그런 동생이 안쓰러웠다. 첫째 동생은 중학교 때부터 트럼펫을 잘 불었고, 공부도 잘했다. 그리고 무엇보다도 마음이 착하고 좋아서 양보하는 동생이었다. 나와 막내 동생은 부모님께 졸라서라도 자신이 원하는 것은 무엇이든지 해달라고 하는데 첫째 동생은 "전 괜찮아요. 누나 옷 사주세요. 전 괜찮으니까 동생 학원 보내세요." 늘 양보만 하는 것이었다. 늘 다른 사람들의 필요를 먼저 채워주려고 노력했고 양보했던 동생, 낭비벽이 심한 어린 아내의 욕심을 채워주기 위해 허덕이며 일했던 동생을 생각하면 마음이 짠하고 아려온다. 많은 도움을 주지는 못했지만 그런 동생을 도와줬던 누나의 도움을 고마워하고 다음 날에 바로 도움을 준 첫째 동생에게 참으로 고마웠다. 나는 돈이 생기는 대로 바로 주겠다고 하자 동생은 그런 걱정 안 해도 된다고 하면서…… 누나를 많이 믿어주었다.

이번 일을 통해서 나는 두 동생의 진면목을 알게 되었다. 공부를 많이 하고 정보를 많이 가지고 있다고 해서 사랑이 더 많고 도움행동이 더 많은 것이 아니라는 것을 알았다. 또 지위가 높다고 이타적이 되는 것도 아니라는 것을 알았다. 또 내가 많이 주었다고 많이 받는 것도 아니라는 것을 알게 되었다.

막내 동생은 가지고 있는 능력 덕분에 평탄하게 리더가 되었고, 덕분에 가정도 잘 이끌어가고 있다. 막내 동생이 경제적으로 가진 자라고 해서 마음까지 부자는 아니었다. 이에 비해 첫째 동생은 늘 자신의 필요보다는 타인의 필요를 채우는 사람이었다. 이번 일을 통해서 동생의 양보와 희생이 있었기에 지금에 내가 있음을 돌아보게 되었다. 많이 배우다보면 자기 합리화, 즉 둘러대기에 달인이 되기 쉽다. 착한 동생이 더 이상은 손해 보는 일이 없고 행복해지기를 바라는 마음이다. 그리고 이번 일을 통해서 사람에 대한 편견을 버려야겠다는 생각을 많이 했다. 많이 배웠다고 가슴이 뜨거운 것은 아니라는 것을, 많이 배웠다는 것은 그냥 옷을 많이 가진 것과 같다는 것을 깨달았다. 실패를 많이 해보고, 어려움을 겪어본 사람은 타인의 아픔을 공감할 수 있는 넉넉한 마음 주머니를 가졌다. 말은 무뚝뚝하지만 따뜻한 내면과 마음을 가진 첫째 동생의 진면목을 보고 감사했다. 나에게 어려움이 닥치게 되면 진실한 사람을 알게 된다. 둘째 동생의 마음에는 많이 갖고 있음에도 불구하고 움켜쥐려는 욕심이 가득하다. 그 욕심을 버릴 수 있는 날이 오기를 바란다.

54
접근 회피 동기인 친구

몇 달 전 우연히 마트에서 반찬가게를 운영하는 고등학교 동창을 만났다. 친구는 나를 보고 "20여 년 전이랑 얼굴이 그대로네! 조금 살만 찌고." 하면서 반가워했다. 친구의 솔직한 칭찬이 내 마음을 열었다. 그 후 마트에 갈 때마다 그 친구는 반갑게 인사를 했고, 나는 친정엄마가 반찬을 만들어주었기에 그 친구의 반찬은 사지 않았다. 그 친구는 나에 대해 궁금해했고 호감을 갖고 있었다. 전화번호를 달라고 하기에 전화번호를 주었다. 나는 한편으로는 나의 아픔을 알고 있는 그녀를 믿을 수 있을까 하는 마음이 들었다. 20대에 나는 결혼을 약속한 사람이 있었고 친한 친구들은 그 사람과 내가 당연히 결혼할 줄 알았다. 그러나 그 사람은 영국으로 어학연수를 갔고, 그곳에서 만난 다른 조건 좋은 여자와 결혼을 했다. 나는 그때 미숙했고, 너무 힘들어서 인생의 경험이 많은 그 친구에게 조언을 구했다. 그때 나는 많이 힘들어 했고, 상처받고 허덕이는 작은 새와 같았다. 그때 아빠도 돌아가시고 과부가 된 어머니가 슬퍼 보여서 내 사랑의 실연은 사치같이 느껴져서 엄마에게는 표현도 못 하고 밤마다 울었다. 괴로운 그때 그 친구에게 내 상처를, 내 아픔을 털어놓았었다. 그 후 나는 그 상처를 잊기 위해 조건 좋으면서도 나를 많이 사랑해주는 남편을 만났다. 그리고 나의 남편은 나의 꿈과 지적 성장을 지원하는 경제적 후원자가 되어주었다. 나는 원 없이 내 꿈을 펼쳤다.

나는 20여 년 동안 20대의 실연의 상처를 억압해두었다. 그 친구는 접근 동기였지만, 동시에 내 실연의 상처를 아는 그 친구는 회피 동기이기도 했다. 두 개의 동기가 충돌하기에 그 친구가 만나자고 할 때 내 마음은 갈등 상태였다. 혹시 그 친구가 내 약점을 우리 남편에게 말하지나 않을까? 내심 걱정이 되었다. 과거의 나는 초라하고 남루하고 이름도 없는 사람이었다. 그렇지만 남편을 만났고 나는 내가 원하고 바라던 일을 할 수 있었다. 남편은 아내에게 항상 용기를 주었다. "당신은 내게 과분한 사람이야" 하고 자신의 인생에서 아내의 꿈을 이루게 해주는 것을 자신의 소명처럼 여긴 사람이다. 남편의 기도 제목은 아내의 논문이 완성되어 교수가 되는 것이었다. 그리고 40대 초반에 책을 냈을 때 가장 기뻐한 사람이 남편이었다. 남편은 내가 점도 흠도 없이 아무 상처 없이 자신에게로 왔는지 안다. 언제나 남편 앞에서는 예쁜 척, 잘난 척을 해도 남편은 그런 아내를 큰 산이 되어 지켜주었고 늘 대견하게 생각했다. 남편이 무시할까봐 나는 더 성공한 것처럼, 남들이 나를 얼마나 대단하게 생각하는가를 매일매일 이야기했다. 남편은 아내를 연예인보다도 더 예쁘게 생각한다. 제 눈에 안경이니까 만일 그 친구가 남편에게 나의 상처를 발설한다면 그동안 나에 대해 남편이 가졌던 이미지(?)는 다 깨어지는 것이 아닌가 불안하였다. 나는 결혼을 하고 난 후 내 상처를 아는 친구들과의 만남을 끊었다. 의도적이었다. 친구를 만난다는 것은 내 실패를 직면하고 만나야 하기에 나는 그들과 이별을 택했다. 남편의 정서적, 경제적 후원 덕분에 나는 크게 성공한 것은 아니지만 나름대로 목표를 이루었고 하늘이 주신 사명과 재능도 발견하였다. 또다시 나의 과거의 실패를 떠올리게 하는 만남을 가지려하니 여러 가지 나의 상처와 직면하게 된다. 하지만 그 친구의 인격을 믿기로 했다. 나는 용기를 내어 만남을 택하게 되었다. 그 친구도 20여 년 동안 많은 인생의 굴곡이 있었다. 첫 번째 남편의 구타와 여성편력으로 이혼을 했고, 재혼을 해서 첫 남편과의 소생에서 낳은 아이들은 따로 살고 있음을 말하면서 눈시울을 적셨다. 내 걱정이 기우였음을 알게 되었다. 그 친구에게 그 시절 나도 너의 위로 덕분에 살 힘을 얻었다고 하면서 이혼을 부끄러워하는 친구를 위로할 수 있었다.

집으로 돌아오면서 새삼스럽게 남편에게 고마웠다. 내가 가장 잘나가고 인기 있을 때 나는 남편에게 이혼하자고 협박한 적도 있었다. 남편의 나에 대한 집착이 너무 힘들어서 자유롭고 싶을 때도 있었다. 그때 남편은 이렇게 말했다. "나는 아내와 아이들이 전부라고." 그런데 나는 남편과 헤어지고 싶어 했다. 사실 나는 이기적이고 자기중심적인 아내이다. 남편을 희생시켜서 얻은 내 꿈이니 남편과 함께 나누어야겠다고 생각했다. 그리고 가식적인 나의 이미지 관리 덕분에 남편이 나에 대한 좋은 상을 갖게 되었다고 생각한다. 언제나 다 보이지 않는 나, 언제나 불가근불가원하는 나, 집에서도 꾸

미고 차려 입는 나, 노력하고 있는 나, 다이어트를 끊임없이 하는 나, 이러한 근원에는 상처받아 울고 있는 과거의 나를 발견한다. 그리고 그것이 남편에게 드러나게 되면 나의 이미지는 타격을 받고 남편에게 버림을 받을까봐 두려워하는 과거의 나를 발견하게 된다. 그래서 나는 항상 결혼생활에서도 긴장하고 있었던 것이다. 날씬해야 한다, 예뻐야 한다, 지적이어야 한다, 지성과 미모를 겸비한 여자가 되고 싶었던 것은 내 안에 상처받은 20대에 여성이 살고 있기 때문이다. 안 그러면 버림받을지도 모르고, 마음을 다 주면 상처받을 거라는. 그러나 이제는 더 이상 이것으로부터 구속되지 말고 자유로워져야겠다. 내가 건강해져야 남편을 제대로 사랑할 수 있으리라.

55

억압에서 소통으로

사춘기의 아들은 엄마와 소통이 어렵다. 아들은 요즘 감정의 기복이 심하고, 공부에도 마음이 가지 않는 모양이다. 공부는 안 하고 게임에 빠져 지낸다. 그런 아들을 보는 나도 괴롭기 짝이 없다. 남의 아들이 게임 중독에 빠진 것은 상담해주지만 정작 내 아들이 그러니 모든 이론과 모든 정보들이 다 적용되지 않는다. 타이르기도 하고, 위협을 하거나 여러 가지 방법들을 동원했지만 1년 반 동안이나 이 근본적인 문제는 해결되지 않았다. 게임을 한번 시작하면 세 시간 이상이 지나야 끝난다.

아들과 나의 지난 시절을 회상해보았다. 나는 아들과 대화를 할 때 토론으로 아들의 의견을 조금이라도 반영해주기보다는 엄마는 너보다 공부를 많이 하고, 세월의 지혜가 있으니 엄마 말만 들으면 손해 볼 것이 없다는 논리로 아들을 부드럽게 설득했다. 그러니 아들은 엄마의 말대로 자기가 관심을 가지고 있는 놀이보다는 엄마의 의도대로 언어영역의 대회를 나가게 되었다. 언어와 관련된 스피치 대회, 영어 말하기 대회, 글쓰기 대회에 나가 암송하고 외운 것을 로봇처럼 출력하고 그 결과 상을 매 학년마다 받아왔다. 나는 상장이 쌓여갈 때마다 아들 마음의 성취감과 만족감이 쌓여가는 것처럼 기뻐했다. 그러다가 아들과의 대화를 통해 알게 되었다. 아들은 그런 것이 그다지 기쁘지 않았다고 한다. 엄마가 시키니까 하였다는 것이었다.

아들은 어린 시절 전적으로 엄마의 도움을 필요로 했고, 자기보다 힘센 엄마의 말에 자기의 생각과 충동, 관심과목은 눌러놓고 살아왔던 것이다. 그렇게 보내는 초등시절 아들은 이유 없이 짜증을 많이 내곤 하였다. 그러면 필자는 왜 기분이 안 좋아지면 엄마에게 짜증을 내느냐고 엄마도 힘들다고 말했다. 아들은 그러한 억압에서 오는 스트레스를 발산할 기회를 가지고 싶었던 것이다. 아들은 학교생활에서 잘하고 싶은 마음으로 선생님과 친구들 앞에서도 억압을 많이 사용하였기에 모범생이었다. 집에 와서 엄마에게 그러한 스트레스를 풀어놓고 싶었을 텐데 나는 그것을 받아주지 못한 것이다. 정신의 억압이 지속되면 긴장하게 되고 집에 오면 그것을 어떤 형태로든 풀고 싶어지는데 그것을 따뜻하게 감싸주지 못하고만 것이다.

아들은 어렸을 때 태권브이 인형을 통해서 자신의 자아를 탈출시키는 놀이를 즐기곤 했다. 아들이 게임을 좋아하는 이유는 그런 것이었는데 이해하지 못했다.

성숙한 사람들은 대인관계에서 승화, 도움행동, 억제, 예상, 유머를 사용하여 소통한다. 아들과의 관계에서 이러한 본보기를 보이지 못한 것이 부끄러웠다. 얼음처럼 차가운 마음으로 게임의 해로운 점을 나열한들 듣지 않고 어떻게든 게임을 할 수 있는 탈출구를 찾기 마련이다. 이러한 잔소리를 하는 것이 아니라 이제라도 진정한 소통이 필요하다.

이론은 때로 어떠한 역할도 하지 못할 때가 많다. 많은 교육학적 이론이 있지만 나에게 공허한 메아리가 되어 아들에게 '잔소리'와 비슷한 설명을 하였다. 잔소리와 설명은 가깝고, 본보기와 실천 그리고 마음에 감화와 감동은 멀리 있다.

피아노를 갖는다고 피아니스트가 되는 것이 아닌 것처럼, 아들을 갖게 된다고 저절로 부모가 되는 것이 아님을 알기에 마음에 대해서 계속 알아가고 탐구해야 한다. 마음은 어떠한 입자와 파동으로 연결되어 있다. 그러니 내가 감사와 사랑이 넘칠 때에는 아들에게 그러한 감정과 행동이 나타나지만, 내 마음에 감사와 사랑이 식을 때는 아들과의 소통에서 정보만 주는 대화를 할 뿐이다. 네이버도 정보는 나열할 수 있는데 말이다. 문제는 나의 마음이 문제다. 나의 마음을 살펴보지 않고 문제를 상대방에게서만 찾을 때 아무것도 해결되지 않는다.

우리는 사물이든 사람이든 있는 그대로가 아닌 우리의 생각대로 바라보게 되고, 어떠한 현상도 나의 가치를 투입시켜서 바라본다. 이제는 나의 관점과 가치가 아닌 아들의 관점과 가치를 보아야 하는 것부터 출발해야 하리라.

56

독서, 이 한 가지 일은

다산 정약용은 유배지에서 아들에게 편지를 했는데 독서를 하라고 하면서 이런 말을 하였다. 독서, 이 한 가지 일은 "위로 성현과 짝할 수 있고, 아래로 뭇 백성을 깨우칠 수 있으며, 그윽하게는 귀신과 통할 수 있고, 밝게는 왕도와 패도의 방략을 터득하여 우주를 지탱할 수 있는 것"이라고 하면서 아들에게 책을 읽을 것을 권하고 있다. 필자는 이 말에 전적으로 동감한다. 글을 선택할 때는 성인의 글을 읽는 것이 좋으며 성인의 말을 옮겨놓은 글에는 성인의 정신이 숨 쉬고 있어서 깨달음과 평화, 기쁨, 사랑, 이해, 포용심, 자발성, 중립, 용기 등을 인식하게 해준다. 그러나 수준이 낮은 책들은 인간의 원욕과 욕심, 욕망을 불러일으키는 기운을 가지고 있다. 좋은 책은 우리의 마음그릇을 넓히는 책들이다. 이러한 책들을 통해 우리는 확장된 자아감을 가짐으로써 이웃사랑을 깨닫게 된다. 사람의 죄 때문에 사망이 왔고 정신이 어두워져서 선악을 분별할 수 있는 기준, 법, 양심, 도덕이 사라지고 있다. 이러한 때에 나의 정신을 살리고, 선악 기준을 잡아줄 수 있는 독서는 참으로 필요한 것이다. 독서의 4가지 장점을 힘 있게 주장한다. 첫째는 누구와 친구가 될 것인가 하는 문제이다. 독서를 통해서 정신의 밝기가 가장 밝았던 성인과 우리는 친구, 짝이 될 수 있는 것이다. 예수, 공자, 석가모니, 소크라테스 등 인류의 위대한 스승들은 모두 호모 로퀜스, 즉 언어적 인간이었다. 언어를 통해 자신들의 사상을 전달하고자 했다. 그 진리를 제자들이 듣고 기록한 것이 곧 고전이 되었다. 성인의 글이 찌꺼기가 되지 않기 위해서는 늘 아는 것이 우리의 삶과 능동적 교류를 하여 행동할 때 진정한 가치가 있는 것이다. 둘째는 나만 그 깨달음을 가지고 있는 것이 아니라 나의 자녀와 가족 지인들에게 영향력을 미치는 것이다. 나의 말이 영향력이 있으려면 아는 것을 실천해서 행동으로 보일 때 주변에 영향을 미치게 되는 것이다. 거창하게 백성을 가르칠 것이 아니라 나와 가족을 변화시키면 그 파동에너지로 주변이 변화하고 그 힘으로 세상이 변화할 것이다. 세 번째 그윽하게는 귀신과 통할 수 있다고 한다. 귀는 악한 것이고 신은 선한 존재이다. 책을 읽고도, 책에 있는 좋은 내용들을 나의 사적인 욕심으로 사용해서 시기 질투, 악한 눈, 피를 흘리는 손, 악한 궤계를 꾀하는 마음과 악을 향해 달리는 발이 있는 사람은 귀와 통하는 사람으로 귀의 로봇이 되게 된다. 반대로 성인의 책을 읽고 성인과 신의 성품인 믿음, 덕, 지식, 절제, 인내, 경건, 우애, 사랑을 실천한다면 신과 통하여 신의 성품에 도달하는 사람이 될 것이다. 독서의 네 번째 장점은 왕도와 패도의 방략을 터득하여 우주를 지탱할 수 있는 것이라고 한다. 인간의 마음은 소우주와도 같다고 한다. 동양우주론은 음양오행에 기반한 철학이다. 손진인에 의하면, 음양은 해와 달을, 오행은 목화토금수, 곧 다섯 개의 별을 뜻한다. 이것은 우주의 질서이고 생명을 주관하는 밑바탕이 된다. 사람의 오장육부는 음양오행의 산물로서 서로 동일성을 가지고 마주보며 짝을 이루고 있는 상태이다. 하늘과 둥근 머리는 비슷하고, 네모난 발은 땅과 비슷하고, 하늘의 사시는 사지와 비슷하고, 오행은 오장과 대칭이 된다. 하늘의 해와 달은 두 눈과 비슷하고, 하늘에 밤과 낮은 사람이 잠을 자고 깨어나는 것과 비슷하다고 본다. 이것은 우주와 인간이 비슷하게 연결되어 움직이고 있다고 보는 것이다. 우리의 육체도 별과 같은 성분으로 구성되어 있으며 우리 마음 또한 신의 속성을 가지고 있으므로 우주를 지탱한다는 것은 독서를 통해 좋은 말을 내면화하여 그 가치로 자신을 세속으로부터, 즉 악으로부터 자신의 마음을 지킨다는 것을 의미한다고 볼 수 있다.

사람은 의미 있는 타인의 말, 행동, 태도, 감정에 의해 암시적으로 영향을 받는 존재이다. 특히 정체성이 형성되지 않은 아이들은 더 민감하게 흡수하는 경향이 있다. 필자는 독서를 통해서 성현과 친구가 되고, 자신과 가족을 깨우치고, 신의 성품으로 변화되고, 자신을 좋은 가치로 지킬 수 있게 해주는 계기가 되었다. 필자가 책을 좋아하게 된 이유는 할머니와 아버지의 영향이었다. 할머니로부터는 듣기와 말하기를 자연스럽게 재미있는 것으로 내면화하였고, 아버지로부터는 좋아하는 동화책을 선물받아서 그 유일한 동화책으로 읽기와 쓰기를 즐거운 놀이로 연결하게 된 것이다. 이 모든 것이 내가 책을 좋아하는 접근 동기를 형성하게 되었다. 필자는 할머니로부터 구술을 통해 언어에 민감한 아이로 자랐다. 할머니는 과부였고, 손녀가 태어나자 자신의 분신인 것처럼 보살폈다. 나는 젖을 뗀 후부터 할머니와 늘 같이 지냈던 것이었다. 할머니는 노래도 잘 부르시고, 구전되어 오는 전래동화를 각색해서 들려주는 작가적인 소질이 다분한 분이었다. 동네 할머니들은 우리 할머니의 구수한 입담과 절기에 맞추어 만드는 떡과 절기 음식을 맛보러 우리 집에 모이곤 했다. 나는 학교 들어가기 전에 이미 학교에서 배워야 할 동화를 200편도 넘게 알고 있었다. 고전문학의 대부분의 이야기들을 할머니를 통해 그것도 반복적으로 들을 수 있는 행운을 갖게 된 것이다. 맨 처음 아버지로부터 선물받은 책은 '나무꾼과 선녀' 이야기이다. 나무꾼과 선녀는 우리 집과 너무도 같은 이야기만 같았다. 선녀 같은 어머니와 나무꾼 같은 아버지, 그리고 우리 삼남매였다. 그리고 지혜로운 우리 할머니는 내게는 초월적인 분 같았다. 할머니는 이야기의 천재였고, 이야기 보따리였고, 식물과 음식에 대한 지혜가 넘쳤다. 정보와 삶의 능동적인 교류가 너무나 쉬웠던 할머니는 내게 다른 세계 사람 같았다. 내가 책을 좋아하게 된 이유는 전적으로 할머니의 구수한 입담, 구술에서 오는 매력이 있었기 때문이다. 국어는 말하기, 읽기, 듣기, 쓰기로 구성되어 있다. 나는 말하기를 좋아하는 할머니로부터 듣는 것과 말하는 훈련을 받고 있었던 것이다. 나는 비교적 늦은 나이인 7살 때 처음 동화책을 접했다. 그래도 그 동화책은 나에게 보물과 같았다. 나는 그 동화책이 보물이었다. 그 동화책을 읽고 또 읽었다. 내면화될 정도로 그림과 글을 암송했던 것이다. 투명한 종이를 동화책 그림에 대고 베껴 그렸다. 그 베껴 그린 종이를 두꺼운 종이에 풀을 붙여서 인형놀이를 했다. 종이 인형놀이를 하면서 상상놀이도 했다. 그리고 동생들에게 읽어주었다. 나는 늘 동화책을 가방 속에 넣고 다녔다. 나의 가장 소중한 보물이 되었다. 그 후 아버지는 만화로 된 우리나라 역사를 전집으로 사다주셨다. 어린 시절 나는 책과 친해질 수 있었다.

57

우리 마음속의 두 가지 존재

물리적인 눈도 구백 냥이라고 한다. 몸이 천 냥이라고 하면 눈은 구백 냥이라고 한다. 물리적인 눈도 정말 중요한데 마음의 눈은 얼마나 중요할까? 이 시대 사람들은 물리적으로 보는 눈은 있지만 대상의 속성을 관찰하는 눈도 없고, 더구나 마음으로 보는 눈은 더 사라진 지 오래이다. 마음이라는 것은 자신이 어렵고 힘든 상황이 되어야만 자기중심성과 이기적인 시선을 벗어나 자기보기와 타인을 서의 마음으로 볼 수 있는 것이다. '서'라는 것은 자기가 하기 싫은 일을 남에게도 하지 않는 것을 말하며 예수의 이웃사랑과 부처의 자비 개념과 비슷한 개념이다. 어렵고 힘든 상황이 오면 인간은 자신의 자존심을 내려놓고 자신을 있는 그대로 바라보게 된다. 사회적 지위와 명예, 돈이 없을 때 비로소 벌거벗은 자신의 마음과 직면하게 되는 것이다. 주변사람들도 지위와 명예, 돈 때문에 있었던 사람들은 다 떠나고 진정으로 마음을 나누었던 사람들만 남게 된다. 필자도 돈과 명예를 다 놓아버리자 주위에 나로부터 콩고물을 얻어먹고자 하던 사람들은 다 떠나고 마음의 친구들만 남게 되었다. 마음으로 얻는 친구들만 남았다. 생각해보면 직업적 지위라는 것도 내 것이 아니었다. 그곳에 몸담았을 때는 천 년 만 년 내 것인 것처럼 교만해 있었다. 그러나 하루아침에 선배와 함께 내려왔을 때 나는 그 지위도 내 것이 아님을 뼈저리게 느꼈다. 비빌 언덕이 사라지자 나는 보따리 장사를 해야 했고, 그곳은 정말 마음이 없는 곳이었다. 예절의 형식은 있지만 서로 소통하지 않는 공간에서 힘겹게 보내었다.

생각해보면 나는 번듯하게 형식적으로 성공한 삶은 아니다. 그래도 매번 내 마음속의 나 자신과 싸우려고 애썼다. 내 마음속의 선과 친구가 되어서 악에 대항한 삶이었다. 사람들은 상황의 힘에 밀려서 그것이 선이 아닌 악이라도 나에게 이익이 되면 그 길을 양심 없이 선택하곤 했다. 이것은 배운 사람 즉 지식인들 사이에서 더 빈번하게 일어나는 것을 나는 내 눈앞에서 목격했다. 궁극적인 선을 추구하기보다는 악이라도 자신과 소속집단에게 이익이 돌아온다면 악의 길로 빠르게 걸어가는 것이었다. 결국은 자멸할 수밖에 없는 사람들이었다.

지금까지 나의 삶은 권력, 명예, 돈으로부터 나를 지키고 세속에 물들지 않기 위해서 부단히 나 자신과 싸웠다. 나는 악한 약자 편도 아니었고, 악한 강자 편도 아니었고 선한 약자와 선한 강자 편이었다. 이렇게 외형적으로 보면 성공한 삶이 아니지만 마음을 통해 본 나의 삶은 우리 아버지처럼 마음으로 성공한 삶이다. 외모도 나이를 통해 주름이 늘어가고 인자함이 그 얼굴에 나타나듯이 나의 마음의 수준도 높아지고, 마음그릇도 넓어지고 이제는 사람을 판단할 때 그 사람의 외모와 옷으로 보는 것이 아니라 그 사람의 마음그릇과 의식 수준을 보게 된다.

또 최제우의 인생과 말에서 위로를 받는다. 그는 몰락한 양반가에 아들로 태어났다. 어머니가 재혼을 해서 최제우를 낳았기에 공부를 하였지만 과거를 볼 수 없었다. 또한 17세에 아버지가 돌아가셨기에 한 집안을 책임져야 했다. 그는 먹고사는 문제로 고민하면서 한의사와 점보는 일을 배워보려고 했지만 녹녹치 않았다. 그래서 그는 할 수 없이 장사를 하면서 전국을 떠돌아 다녔다. 이 장사도 잘 안 되어서 늘 먹고사는 일에 허덕였다. 마지막에는 철광산 일을 하였지만 이도 망하였다. 그러면서도 그는 늘 먹는 것과 잔병치레로 고생하던 삶을 살았다. 그는 그런 고통스런 실패를 통해서도 늘 자신과 같이 먹을 것과 전염병으로 고생하는 백성들을 긍휼이 여기었다. 그는 스님을 통해 기도를 배우게 되고 하나님께 기도로 물어본다. "저는 보는 눈과 듣는 귀 깨닫는 마음이 없으니 하나님께 물어봅니다." 그러나 하나님께서 다음과 같이 대답하셨다. "내 마음이 곧 네 마음이다. 그렇지만 남들이 이것을 어찌 알겠느냐? 사람들은 하늘과 땅을 알지만 귀신을 알지는 못한다. 그러나 귀신이라는 것도 바로 나 자신을 의미한다."

최제우가 자신이 고민하고 하나님께 궁금하여 질문한 것은 바로 오늘날 나에게도 해당되는 고민과 질문이다. 내 인생은 실패의 연속이었기에 마음이 괴로웠고, 외적인 것이 마음의 평화와 행복을 가져다줄 수 없음을 알게 되었다. 그러면서 나는 인생들이 괴롭고 힘든 것은 좋은 직업, 명예와 돈을 모으지 못한 것 때문이 아니란 것을 알게 되었다. 그것은 자기 자신의 욕심과 끝없는 욕망 때문에 괴로운 것이라는 것을 알았다.

귀신들은 자신의 생각과 사상이 같은 사람들 마음을 이용하여 일한다. 마찬가지로 하나님도 자신의 생각과 사상이 같은 사람들 속에 임해서 일한다. 그러니 내가 어떠한 마음을 가지고 있느냐가 매우 중요하다. 우리는 우리 마음속에 하나님도, 귀신도 살게 할 수 있다. 그러나 보통사람들은 하나님의 소리를 들을 수 있는 마음의 눈과 마음의 귀를 갖고 있지 않다. 왜냐하면 마음이 욕심과 죄로 인해 그들의 생각이 죽어 있기 때문이다. 마음을 씻어 자신을 볼 수 있어야만 자기보기가 가능하고 그때부터 하나님과 귀신을 볼 수 있고 들을 수 있다. 귀신은 흉측한 모양으로 우리 앞에 나타나지 않는다. 그것은 우리 마음의 작용으로만 볼 수 있다. 그러니 우리는 마음을 선하게 갖고 행동으로 선하게 표현해야 할 것이다.

최제우와 나의 공통점은 외형적으로는 실패한 삶이라는 것이다. 최제우는 그 처절한 실패 덕분에 자신을 볼 수 있게 되었고, 타인의 아픔을 공감하게 되었으며, 나아가 마음의 눈을 떠서 보는 눈, 듣는 귀, 깨닫는 마음을 가질 수 있게 되어 하나님께 구하였으며 질문할 수 있었다. 그러자 하나님께서는 선이신 하나님도, 선악을 알고 있는 귀신도 다 인간 자신의 자유의지 선택에 달려 있음을 알려주었다. 필자도 기도를 해보아야겠다. 그래서 내 마음속에 있는 악한 마음이 보여서 인식하고 그것을 떨쳐낼 수 있도록 생활 속에서 노력해야겠다.

58

감사와 자기보기

<폼페이 최후의 날>이란 영화를 보면 로마의 내로라하는 의회의 의원인 한 남자와 힘없는 작은 부족의 군인으로 싸우다가 패하여 로마의 검투사가 된 어떤 남자가 등장한다. 이 두 사람은 귀족 여인을 사랑하게 되고, 귀족 여인은 마음이 시키는 대로 권력밖에 없는 결혼보다는 마음이 착하고 순수한 검투사를 찾아 나선다. 마침 그날은 화산이 폭발하는 날이었다. 의회의 의원인 남자는 소유욕이 사랑인 줄 착각하고 검투사와 귀족 여인을 찾아 나선다. 화산재가 하늘에서 내리는데도 "자신이 누구인데 함부로 대하느냐? 나는 로마 의회의 의원이다"라고 말하면서 죽어가는 상황에서도 권세가 대단한 줄로 착각한다. 어리석은 사람들은 죽어가는 순간에도 자신의 부, 명예, 권세에 집착하게 된다. 우리는 부, 명예, 권세에 대한 일시적으로 받은 옷에 불과했다. 그런데 그것이 원래 자기 것인 양 잔뜩 힘을 주고 죽는 순간까지도 깨닫지 못한다.

내 마음속에 있는 검은 늑대를 본다. 검은 늑대는 시기, 질투, 미움, 다툼 등 부정적인 의식이다.

마음속에서 감사가 사라질 때 내 마음은 감옥이고 더 나아가 지옥 같다. 마음속에서 부정적인 사고가 일어날 때 감정과 행동도 부정의 파동이 일어나게 된다. 아직도 내려놓지 못한 나의 약한 부분과 직면하게 된다. 나는 감사를 잃어버렸을 때, 나를 보기보다는 남을 판단하고 나아가 심판하기도 한다. 예전에 나는 마음의 힘은 없고, 조그마한 권력이 있을 때, 그런 내 마음을 보기보다는 상대방 탓을 하며 불이익을 주지 않았던가? 하지만 이제 나는 아무 힘도 없는, 존재감 없는 자연인일 뿐이다. 어느 모임에서든 말이다. 이제는 나의 권력이 없으니 오롯이 나의 인성과 인격으로만 평가받는다. 그러니 더욱더 말과 행동의 무게가 중요하다. 그러나 감사가 마르게 되면 나의 자존감도 흔들리게 되어 나의 동작은 품행의 청결이나 정직의 여부를 나타낼 수가 없다. 온통 남이 가지고 있는 장점만이 보이고 나는 아주 장점이 없는 사람으로 보인다. 그런 날이면 내가 오그라들고 그렇게 초라할 수가 없다. 결국 나는 내 속에 있는 알맹이보다도 포장지를 바꾸기 위해 살아온 삶이었다. 내적인 속사람이 정서, 이성, 의지로 구성되어 있다면 나는 이성을 조금 키운 것일 뿐 정서의 사람도, 의지의 사람도 없는 사람이었다. 그러니 나는 타인의 찬사는 그렇게도 바라면서, 비난에는 그렇게도 화가 난 것이었다. 자랑할 것이 없는 건강하지 않은 사람이다.

하여 감사가 없으면 자존심 세우기, 분노, 욕망, 두려움, 슬픔, 무력감, 죄책감, 수치심의 감옥에서 살게 된다. 자기를 본다는 것은 무엇인가? 육체의 자기보다 마음을 본다는 것이다. 자기를 본다는 것은 내려왔을 때 가능한 일이다. 내가 돈이 있고, 내가 지위가 있을 때 남들이 그러한 잣대로 보아줄 때에는 자기 자신이 실제 자신의 마음 단계나 수준보다 자신이 좀 더 그럴 듯하게 마음그릇이 더 넓어 보인다. 그러나 자신의 지위와 돈을 잃었을 때 그때 비로소 자신의 마음 수준과 단계를 알 수 있다.

내가 돈도 명예도 다 내려놓고 실존 백종순으로 내려갔을 때 나는 비로소 알았다. 내가 그렇게도 "시샘과 질투심"이 많다는 것을 알게 되었다. 그동안 내가 하고 싶었던 일들은 대부분 '질투는 나의 힘'을 사용한 부정적 억지 힘이었다. 학교 다닐 때는 친구들보다 옷을 잘 입고 싶어서 예쁜 옷을 사달라고 했고, 커서는 미모와 지성을 겸비한 여자가 되고 싶은 목표를 갖게 된 동기도 사실은 질투가 내적 동기로 작용했다. 내 내면의 목소리는 이런 것이다. '남들도 잘하는데 나는 왜 못 해. 나는 해내고야 말겠어. 기필코 해내고야 말겠다.' 이런 식으로 자기 암시를 했고 덕분에 나는 내가 원하는 목표를 어느 정도 얻을 수 있었다. 고백하기 싫었지만 나는 질투가 많은 인간이었다. 내 잘못을 보았을 때 입으로는 시인했지만 마음으로는 그것을 지적해주는 자연인을 너무나 싫어해서 그 사람을 피해 다니기도 했다. 내가 교수일 때는 내가 참으로 나의 잘못을 "시인하기" 잘 하는 위인이라고 자화자찬하고 다녔다. 근데 교수도 작가도 아닌 새로 태어난 그 공간에서는 나는 그냥 자연인이었다. 근데 나는 결코 그런 사람이 아니란 것을 "자기보기" 하게 되자 너무도 괴로웠다. 나는 선과 악이 섞인 사람이었다. 기분 좋을 때는 나의 허점을 인정하고 시인했지만 집에 돌아가서는 다시 악한 마음이 올라와서 자기 방어와 합리화를 해대곤 했다.

좋을 때와 나쁠 때 심한 기복이 있는 나 자신을 본다. 나의 감정이 좋을 때나 나쁠 때나 상황 탓을 하지 않고 한결같은 "자기보기"에 의해 고쳐 나가야 한다. 자신을 본다는 것은 행복이면서 동시에 고통이다. 그만큼 자신의 고칠 점을 보고 고쳐 나가야 하기 때문이다.

자기보기는 자연인이 되었을 때 좀 더 가까이 다가갈 수 있다. 아직도 나는 선에 대한 진보를 계속하는 진행형 과정 중에 있다.

59

자기와 남의 거리

몇 년 전에 사극에서 신분의 벽 앞에서 괴로워하던 멋진 남자가 미천하지만 사랑하는 여인이 다쳐서 아파하고 있을 때 한 대사가 있다. "아프냐? 나도 아프다."

나는 네가 아프니 나도 아프다를 한 단계 지나 네가 아프니 나는 더 아프고 쓰리다. 너무 사랑해서 아픈 사람⋯⋯. 그들은 공감의 대가들이다. 이런 사람들이 많은 세상을 만들어 나간다면 굳이 공자의 서를 설파하고 배려를 힘들여 주장할 필요가 없을 것이다. 한편으로 남의 기쁨과 성공을 시기 질투한다. 사촌이 땅을 사면 괴로운 것이 시기와 질투의 마음으로 남이 잘되는 것을 별로 좋아하지 않는다는 것이다. 성공 뒤에는 노력, 헌신, 땀, 눈물이 축적된 시간들이 있을 것이다. 지금껏 인류의 역사 중에서 전쟁이 없었던 시기는 5%의 시기밖에 없었다고 한다. 늘 미움과 다툼이 커져서 결국은 뺏고 빼앗기고 죽고 죽이는 전쟁이 이 인류의 발목을 잡고 있었다. 우리 인류는 하나인데 왜 이리 인종적으로 나누고, 상류문화와 하류문화가 나뉘고, 갖가지 사상과 이론들로 나누어 하나의 통일된 기준도, 법, 도덕, 양심도 점점 없어져 가는 것인지 의문이다. 거창한 이론보다도 정말로 하나를 알더라도 실천이 필요한 시대이다.

인간은 자기중심적이고 끝없이 이기적이어서 자기의 욕구나 감정에만 관심을 기울인다. 인간은 악한 것에는 지혜가 많아서 자기의 욕구와 욕망도 교묘히 숨기고 자신의 욕망을 채우려고 주위 사람들을 이용한다. 사이코패스를 만나기보다는 소시오패스를 만날 가능성이 많다. 그러나 자기중심성을 벗어나기란 그리 만만한 것이 아니다. 많이 배운 사람들은 가식적일 수 있는데 예절이라는 포장지가 있어서 이런 이기적인 사람들의 베일을 벗기고 정체를 드러내게 하는 일은 그리 쉬운 일이 아니다.

우리 인간들은 공자의 서나, 부처의 자비, 예수님이 말한 '네가 대접 받고자 하는 대로 너도 남을 대접하라.'가 어려운 것은 이기적이고 자기중심적인 속성이 뼛속까지 사무쳐 있기 때문이다. 오죽하면 남의 염병이 나의 고뿔만 못 하다는 속담이 있겠는가?

참으로 사람들 사이에 나와 너의 구분이 없어질 수만 있다면, 우리는 서로 사랑할 수 있으리라. 우리는 하나라는 공통체 의식을 가질 수만 있다면 내가 싫어하는 것을 타인에게 전가할 수 없으리라.

타인과 이웃을 긍휼이 여길 수 있는 마음이 자라기 위해서는 이기적이고 자기중심적인 자신을 인식하여야 한다. 필자는 내 아이가 아플 때는 밤잠을 설치지만, 이웃집 아이가 아플 때는 아프구나 그렇구나 하는 것을 알 수가 있다. 내 아이와 남의 아이는 머리와 가슴의 차이이다.

이웃집 아이가 아플 때는 머리로 알지만 가슴으로 아려오지는 않는다. 그러나 내 아이가 아플 때는 머리의 인식이 가슴으로 내려와 아려온다. 이러니 나의 문제와 남의 문제는 다르다. 거울 신경이 발달한 사람들은 타인의 아픔과 기쁨을 나의 것으로 동일시한다. 거울 신경이 발달한 사람들이 성숙한 사람들이다. 거울 신경이란 다른 사람의 모습을 닮아가는 마음이 있다는 것을 의미한다. 환하게 웃음 짓는 사람을 보면 나도 모르게 웃게 되고, 슬픔에 눈물 흘리는 사람을 보면 자신도 모르게 슬픔을 느끼게 된다. 타인의 슬픔과 웃음은 우리들에게 알게 모르게 영향을 미치게 된다. 성장과정을 통해 그 사람을 짐작할 수 있는 것은 부모로부터 이 거울 신경에 대한 좋은 경험이 얼마나 누적되고 발달되었나를 가늠해보는 일이다. 어린 시절 부모의 영향력이 클수록 아이들은 그 사람의 행동을 반복해서 연습하게 된다. 이 거울 신경의 공통된 행동의 습관이 클수록 거울 신경의 뉴런들이 활성화되어 있을 것이다. 공감의 경험과 지식이 반복될수록 거울 신경망의 길들은 빠르고 신속하게 연결되어 한 사람의 의지와 정서에 영향을 미치게 되어 행동하는 실천력이 될 것이다. 그러니 습관이 될 수 있도록 해야 한다. 씨가 자라서 나물이 되고 나물이 나무가 되어야 한다. 남의 기쁜 일 또는 슬픈 일이 나의 것이 되도록 하는 데는 과정이 필요하다. 우리 조상들은 '품앗이, 계, 향약'이라는 좋은 풍속을 통해 기쁜 일도 어렵고 슬픈 일도 함께 해내지 않았는가? 일을 하는 '품'과 교환한다는 '앗이'가 결합된 말이다.

특히 향약은 서로 좋은 일을 권하고 잘못을 바로 잡아 주고 예절 바른 생활을 권하고, 어려운 일이 있으면 함께 도와야 한다고 가르쳤다. 우리 조상들의 이러한 아름다운 행동의 문화 유전자가 우리 혈액 속에 흐르고 있다. 그러니 지금이라도 우리는 이러한 행동이 자랄 수 있도록 남과 나의 거리를 좁혀 나가야 한다. 나부터, 그리고 나의 가족부터 마음을 고쳐먹고 변화해보리라 다짐해본다.

60

지혜 있는 자에게 조언하라

공자가 제자들과 길을 떠났는데 한 아이가 길가에서 변을 보고 있었다. 그러자 공자는 아이를 다그치며 길가에서 변을 보면 안 된다는 것을 책망하고 있었다. 아이는 공자의 말을 듣고 부끄러워하면서 자기 잘못을 시인하였다. 이 아이는 기본적인 양심이 발달해 있어 상식이 통하는 사람인 것이다. 또 한참을 가는데 이번에는 다른 아이가 길 한가운데서 변을 보고 있는 것이었다. 제자들은 마음속으로 공자가 아이에게 불호령을 내릴 것이라며 안절부절 못하고 있었다. 며칠 전에는 아이가 길가에 변을 보았는데도 꾸지람을 하였는데 지금 이 아이는 길 가운데에서 용변을 보고 있는 것이 아닌가? 그러나 공자는 그 아이를 피하여 아무 말도 없이 가던 길을 가는 것이 아닌가? 한참을 간 후 제자들은 공자에게 질문하였다. 스승님 어찌하여 며칠 전 아이와 같이 책망하는 말을 하지 않았습니까? 공자는 그 아이는 상식이 통하지 않는 안하무인이니 그렇게 했다가는 오히

려 사단이 벌어질 것이라고 하였다. 이 일이 우리에게 주는 메시지
는 무엇일까? 조언을 할 때에도 그것을 받을 준비가 되어 있는가를
생각해야 할 것이다.

　나는 이와 같이 상식이 안 통하는 사람을 같은 동료로 둔 적이 있
었다. 그 동료는 매일 나에게 학생들을 가르치는 일이 얼마나 진이
빠지는 일인지, 한 학기가 지나면 자신이 진액이 전부 빠진다느니,
시간이 지나도 달라지지 않는다느니 계속 불평불만을 하였다. 나는
그 사람의 말을 먹지 않으려고 피해 다니기도 했고, 바쁘다는 핑계
로 전화를 받지 않기도 했다. 그 사람이 나에게 고해도 나는 그 부
정적인 생각과 말에 동조하지 않았다. 왜냐하면 언어는 나의 모든
신경을 지배하니까. 그러자 그 사람은 하루에도 몇 번씩 전화를 걸
어서 부정적인 말을 전염시키려 하였다. 나는 전화를 받지 않았다.
그렇게 하자 그 사람은 나의 긍정적인 표정과 평정심이 있는 마음
을 나타내는 웃는 얼굴까지도 폄하해서 말하곤 했다. 그 사람은 내
가 자신처럼 부정적인 관점과 시각을 가지지 않은 것에 대해 대단
한 불만을 가지고 있었다. 나는 그 동료가 마음이 평안해지고 행복
해지기를 바랐다. 얼굴에 대놓고 말하는 것이 숨은 사랑보다 낫다는
격언이 떠올랐다. 그 동료에게 말했다. "제발 욕심을 내려놓으세요.
그래야 불평불만 하는 마음도 사라질 겁니다." 그러자 그 동료는 말
꼬리를 잡고 끈질기게 싸움을 걸었다. 나는 그 동료가 '자기보기'가
가능한 사람인 줄 알았다. 그러나 그 사람은 교양과 인성이 그럴 듯
해 보였지만 가짜였다는 것을 여실히 드러냈다. 나는 그 동료의 마
음을 편안하게 해주고 싶어서 메일로 문자를 보냈다. '제가 실수했
습니다. 내가 사정도 모르고 경솔했으니 미안합니다.' 그러자 그 동

료는 이렇게 답변이 왔다. '아니요. 저는 너무 억울해서 이 일을 학장님에게 말씀드리고 상담받아야겠어요' 하는 것이 아닌가? 나는 황당하고 어이가 없었다. 우리 둘 사이에서 벌어진 일을 그것도 육십이 넘은 사람이 학장님에게 보고드리고 상담받는다니? 나는 너무 기가 찼다. 그 동료는 어른이라는 육신의 옷을 입고, 인성은 매너와 교양으로 치장했지만 마음은 성장하지 않은 어린아이였다. 며칠 전 다른 선배 교수로부터 한 이야기를 들었다. 그 사람에게 진심으로 충언하지 말라고 하였다. 그 사람은 자기에 대해서 들을 귀와 보는 눈, 깨닫는 마음이 없으니 조언도, 충언도, 진심도 욕으로 듣는다고 했다. 그렇게 직언했다가는 너만 구설수에 오를 것이니까 조심하라고 했다. 그 일은 며칠 지나지 않아 나에게 닥쳐왔다. 학생들의 실수는 현미경처럼 잘 보지만 자신의 실수와 오점은 철저히 외면하고 인식하지 못하는 그 동료가 참으로 안타까웠다. 나는 그 동료에게 점심까지 사주면서 내가 실수했노라고 넓은 마음으로 용서하라고 다독여주었다. 그러자 그는 또 자기가 몸담고 있는 학교에 대한 흉을 보기 시작했다. 나는 그의 말을 들었지만 마음으로 담아두지 않았다. 그는 왜 이중적으로 사는지 모르겠다. 좋으면 좋은 것이지 왜 윗사람들이 있을 때와 동료와 있을 때 말이 다른지 자기 자신을 보았으면 좋겠다는 생각을 했다. 겉과 속이 같으면 성장동기가 생기고, 부정적인데 자신의 힘을 쏟지 않고 앞으로 나아갈 수 있을 텐데 하는 생각을 속으로만 하였다.

나는 돌아오는 길에 생각했다. 그 동료는 길가에 변을 눈 아이였을까? 길 가운데 변을 눈 아이였을까? 그리고 나는 그 동료처럼 직언이나 면책, 책망의 말을 얼마나 들을 수 있는 귀와 마음을 가졌을까? 혹시 나도 그 동료처럼 나를 사랑해서 말해주는 사람을 향해 돌을 던진 적은 없는지 반성해보았다. 나 자신 또한 그 답에서 자유롭지 못하다는 것을 깨닫고 그 동료를 향하던 괘씸한 마음은 없어지고 측은히 생각하는 마음이 들었다. 그 동료가 '자기보기'가 잘 되어서 책망도 들을 수 있는 사람이 되기를 바란다.

그리고 이어서 어리석은 자가 지혜로운 자가 될 때까지 기다려주어야 한다. 어리석은 자가 언제 지혜로운 자가 될 수 있을까? 그것은 닫힌 귀가 열린 귀가 되었을 때 가능하다. 그것은 닫힌 눈이 열린 눈이 되었을 때 가능하다. 그것은 닫힌 마음이 열린 마음이 되었을 때 가능하다. 자기를 볼 수 있는 사람만이 타인도 잘 볼 수 있게 된다. 나는 그 동료를 통해 두 가지를 터득하게 되었다. 하나는 무조건 충고하기보다는 그 사람의 마음의 수준을 알아야 한다는 것을 알게 되었고, 그 수준에 맞게 다가가야겠다고 마음먹었다. 그리고 가르치는 자는 이 모든 것을 자기 자신에게 적용하여 할 수 있을 때 타인에게도 권할 수 있으리라.

61

상처와 직면하기

나는 나에 대해서 아주 그릇된 편견을 가지고 있었다. 나를 아주 솔직 담백하고 선한 인간으로 규정하고 있었다. 그런데 나는 아주 불편한 진실과도 마주하고 있었다. 그 진실과 나는 직면하지 않으려 했었다. 나는 12주 동안 도피하고 있었다.

어느 날 마트에 갔다가 학교 동창을 만났다. 그 동창은 마트에서 반찬가게를 하고 있었다. 나를 보고 반갑게 인사하며 네 이야기 들었다며, 보고 싶었다면서 순수한 자기 마음을 보여주었다. 그 마트는 우리 동네에 있어서 무엇을 사러 갈 때마다 종종 볼 수 있었다. 나는 그 친구가 아무리 나를 좋게 보고 있다 한들 그 친구를 만나기가 좀 거북했다. 나는 몇 번을 망설이다가 내 전화번호를 알려주었다. 접근하고 싶은 마음과 회피하고 싶은 마음이 충돌할 때는 어떻게 해야 하는가? 내 마음을 들여다보았다. 접근 동기는 그 친구와 어릴 때 순수한 시기를 보내서 행복한 추억이 꽤 있다는 것과 그 친구가 마음이 선하고 공부도 잘하는 배울 것이 많은 친구였다는 것이다. 회피하고 싶은 마음은 그 친구가 나에 대한 '과거'를 알고 있다는 것이다. 내 마음을 헤아려주고 있는 선배 교수에게 나는 시시콜콜 물어 보곤 한다. 어떻게 해야 좋은가를 물어보았다. 선배 교수는 내게 과거의 상처를 숨기려고 하면 어떻게 치유받을 수 있겠냐면서 그냥 떳떳하게 만나라고 하였다. 나는 용기를 가지고 그 친구와 만났다. 나의 상처는 20대에 결혼하려 했던 남자와 헤어진 일이었다. 그때 나는 학벌도 좋고, 집안도 좋은 데다 키까지 큰 남자친구가 있었다. 신분 상승이 가능한 조건을 가진 남자였고 동창들은 그런 나를 부러워하였다. 그때 나는 아~~ 내 인생에도 기회라는 것이 오는가 보다 하고 착각했었다. 그러나 그 잘나가던 남자친구는 갑자기 결혼 대신 영국으로 가버렸고, 영국에서 조건 좋은 여자와 만났다고 한다. 나는 그런 것도 모르고 영국으로 기념이 될 만한 한국의 기념품들을 다달이 보내주곤 했다. 그 남자친구는 외모는 준수했지만 마음은 선하지 않았던 것이다. 남자친구는 서서히 전화가 끊기더니, 편지도 하지 않게 되었다. 1년 후 지인을 통해 결혼 소식을 알았지만 나는 분개하지 않았다. 그리고 드라마에서 나오는 것처럼 결혼식장을 아수라장으로 만들 수도 있었지만 그렇게 하지 않았다. 나는 마지막 자존심을 지키고 싶었고, 그 남자친구에게 네가 나를 놓친 것(버린 것)은 인생의 최대 실수임을 증명할 수 있도록 내 삶을 아주 멋지게 일구리라 마음먹었다. 29살 그 괴로운 시기에 마트에서 반찬가게 하던 친구가 내 옆에서 힘이 되어주었다. 3년 후에 나는 중매로 남편을 만났다. 남편은 이런 일을 알지 못한다.

나는 행여 '이 일이 남편에게 알려질 수도 있는데' 하는 생각이 잠시 들었고 그래서 마트에서 만난 친구를 멀리하려 했었다. 그러나 만나고 보니 그 친구의 인성을 믿을 수 있었고 여전히 마음이 넓고 따뜻한 친구의 마음을 느낄 수 있었다.

필자가 학교에서 학생들에게 '접근 동기, 회피 동기, 접근 회피 동기'를 가르치고 있지만 그것은 이론일 뿐이다. 접근 동기는 다가가고 싶은 마음이고 회피는 피하고 싶은 마음이다. 그리고 접근 회피 동기는 다가가고 싶지만 또 다른 이유로 피하고 싶은 마음이다. 나는 이 일이 남에게 일어날 때는 왜 그렇게 인간의 마음이 희로애락과 백팔 번뇌가 시작되는 곳인가를 알지 못했다. 남의 일이면 내 일처럼 마음이 아프지 않은 것이다. 이론은 현실과 다르다. 이론은 머리로만 아는 것에 불과하다. 심장이 뜨겁지 않으면 타인의 심정을 들여다보지 못한다. 그러니 안다고 자처하는 심리학 교수들은 정작 알지 못한다. 그들 전문가들이 하는 것은 고작 심리 문제를 일목요연하게 정리한 것뿐이다. 정작 활용하고 건강하게 적용할 수 있는 것은 심리학의 문제가 아니다. 마음을 만든 분에게 가야 고쳐질 것이다. 그렇다면 심리학이 기여할 부분은 무엇일까? 자신의 불균형적인 마음을 들여다보고 인식하게 도와준다. 모든 학문에 으뜸 되는 학문은 '종교'이다. 텔레비전이 고장 났을 때는 당연히 텔레비전을 만든 사람이 그것에 대해 가장 잘 알 듯이 말이다. 고전인 성경에는 사람의 안과 밖을 만들고, 사람의 마음을 만든 분이 하나님이라고 나와 있다. 그러니 우리 마음이 병들었을 때는 그분에게 가야 한다. 심리학이 고칠 수 있는 부분이 아니다. 그나마 나는 심리학의 도움으로 내 마음이 건강하지 않다는 것을 인식하게 되었다. 그러나 아직도 그 상처를 조금이나마 가지고 있다. 나의 마음을 만든 그분에게 치유받아야겠다.

62

큰 바위 얼굴들

프로이트는 자아를 세 파트로 구성되어 있는 조직체로 보고 그것을 초자아, 자아, 원초아로 나누고 있다. 초자아는 양심의 소리로 보고 있으며 어렸을 적 아버지의 시비선악을 구분하는 소리를 통해 내면화된 것으로 간주한다. 원초아는 마음속에 있는 본능과 욕망덩어리라고 본다. 그리고 자아는 양심과 본능을 조절하여 사회에서 부딪힘 없이 살 수 있게 해주는 것이라고 하였다. 그럴듯해 보이지만 아니다. 자아는 그러한 양심과 본능을 조절할 수 없다. 일하며 사랑하며 사는 사람들을 건강한 사람들이라고 간주하고 있지만 정말 그럴까? 심리학에서 말하는 심리적으로 건강한 사람들은 불행하게도 인류의 3%로 소수의 사람들만이 자신의 잠재력을 불러일으켜서 자아실현한 사람들이다. 그러니 대부분의 사람들이 마음의 고통(욕심, 분노, 어리석음) 앞에서 얼마나 어리석은 결정을 하는지 불 보듯 뻔하다. 사람들이 배우고 똑똑할수록 자아는 둘러대기, 즉 자기 합리화의 모양으로 자기의 이익이나 이기적인 욕심으로 기울어지기가 쉬운 것이다. 그러니 자아는 건강할 수 없다. 자아는 일평생 살아가는 동안 양심과 욕심 사이에서 줄타기를 하지만 욕심과 어리석음, 분노를 택할 때가 너무나 많은 것이다. 사람은 아프고 괴로울 때 자신을 객관화하여 반성이라는 것을 한다. 자신을 남처럼 객관화하여 제3자의 시각으로 바라다보게 된다. 그러면 보일 것이다. 어렵고 힘들 때는 죽음에 가장 가까운 한때이다. 이럴 때 사람들은 지난 과거를 회상하며 자신이 얼마나 어리석은 선택을 하였는지에 대해 반추하게 된다.

나는 남의 이야기를 하지 않을 것이다. 나는 우주의 일부이므로 나를 이해하면 다른 사람들을 이해하게 되고, 그리고 그 파장으로 인해 인류를 이해하고, 나아가서 프렉탈 이론에 의해 우주까지도 이해하게 될 테니까 말이다. 그리고 뭐 거창한 이유가 아니더라도 아주 미시적 이유로는 나를 변화시키고 싶어서이다. 지금까지 내가 주로 사용한 에너지인 성장동기라는 것도 사실은 지성과 미모를 겸비하고 싶은 욕망에 불과했다. 지적호기심 30% 정도에다, 시기심 40%, 지성과 미모에 대한 과시욕구 30% 정도를 합하여진 것이다. 나의 내면에서 들려오는 소리는 그랬다. 남들도 잘하는데 나는 왜 못해? 나는 해내고야 말겠다. 기필코 해내고야 말겠다. 이러한 과도한 욕심의 소리, 그러니 나의 자아라는 것도 선과 악이 섞인 것이다. 나의 내면에 선한 부분은 학문에 대한 선한 호기심에서 출발했으니 아주 크게 잡아도 30% 정도밖에 되지 않는다. 그 외에 악한 부분으로 70%를 사용했다. 그러니 시기와 질투, 뽐내고 싶은 마음(인정 욕망) 이러한 악한 부분이 70%가 넘는다. 그러니 지성과 미모를 겸비하고 싶었던 내 마음은 기껏해야 인정 욕망을 불태운 것이다.

어느 날 내 마음을 들여다보고 실망에 실망을 했다. 지성과 미모를 겸비하고 싶었던 여자아이가 욕심을 내어도 이룰 수 없는 목표에 대한 부질없음을 알게 되었다. 사회적인 명성이나 권위를 얻지는 못했지만 얻은 것이 하나 있다. 나의 내면의 자아를 들여다보게 된 것이다. 선과 악이 섞인 내 마음, 의인은 하나도 없고 선과 악이 섞인 사람들을 바라다보게 되었다. 큰 바위 얼굴도 없고, 큰 바위 얼굴이 되려는 사람도 없었고, 심지어는 큰 바위 얼굴을 닮고자 하는 사람도 없었다. 시간이 많이 흐른 후 큰 바위 얼굴에 도전하는 사람들을 만나게 되었고 나는 큰 바위 얼굴을 닮고자 하는 사람들을 따라다녔다. 그래서 나의 자아를 바라다보는 방법을 알게 되었다. 나의 마음은 선과 악의 싸움터이고, 선과 악의 대결구도가 펼쳐진다. 그 싸움에서 항상 선이 이기는 것은 아니다. 언젠가 이 지리한 싸움도 끝이 나고 언제나 내 마음이 선만을 선택하는 일들이 늘어나 선의 선택이 힘들지도 않고 습관처럼 자리 잡아 갔으면 하는 마음이다. 그러니 나는 감히 말한다. 건강한 자아라는 것은 없다. 건강한 자아라는 것이 있었으면 인류의 지성과 인류의 리더들이 그렇게 어리석은 선택을 하지 않았을 것이다. 그러니 이기적인 자아가 자기 합리화로 본능에 합류하려 할 때 기꺼이 바른 선택을 할 수 있도록 내 정신을 깨우는 수밖에 없는 것이다.

63

언니의 그라민 은행

그라민 은행은 방글라데시의 개인은행가가 만든, 실천하고 사랑하는 표본의 은행이다. 이 은행은 극빈층의 여성에게만 돈을 빌려주는데, 액수도 많지 않은 5불에서 50불까지가 전부다. 생활의 자립에 필요한 만큼만 제공해주는 은행이다. 자립에 필요한 자금만 대주고 반드시 갚게 한다. 이러한 돈은 물이고 생명이고 사랑의 실천이다.

지인인 언니가 갑작스러운 사업 부도를 맞았다. 살림살이가 매우 궁핍해지더니 급기야 산동네로 이사를 갔다. 언니의 인생도 굽이굽이 굴곡이 많다. 어릴 적 면장님을 하던 아버지, 외무고시에 패스한 멋진 오빠를 가진 언니는 남부러울 것이 없이 자랐다. 그런 언니가 맘 좋은 남편을 만나 물질적인 어려움을 많이 겪었다. 남편 사업의 몇 번의 실패가 가져온 것은 가깝던 형제지간의 우애도, 시어머니의 지원도 끊게 만들었던 모양이다. 지금은 40년 된 아파트에서 근근이 생활한다.

나는 언니를 진심으로 사랑하기에, 아니 더 나아가 잠잠히 내 마음을 전하고자 이사 간 언니를 도울 요량으로 청소를 해주러 갔다. 이럴 때 나의 경험이 많은 도움이 되었다. 친정에서부터 정리 정돈이 생활화된 처지였던 나는 언니의 집에 들어가자 어떻게 해야 할지 그림이 그려졌다. 우선 공간 활용을 위해 거실에 있던 강아지 집은 거실을 더 넓게 쓰기 위해 베란다로 옮겼다. 그리고 정리 정돈을 해주었다. 마침 언니의 텔레비전을 놓는 정리함의 서랍이 망가졌다. 그래서 나는 언니와 함께 텔레비전 밑에 정리함을 버리자고 했다. 둘이서 힘들게 끙끙거리며 옮겼다.

그리고 나는 반짝 '아이디어'가 떠올랐다. 춘천에서 잘 사는 아파트를 돌아다녀 보기로 했다. 분명히 버리는 가구 중에 정리함도 있을 것이다. 언니와 함께 아파트를 몇 바퀴 돌아다닌 끝에 버려진 그렇지만 아주 멀쩡한 정리함을 발견하였다. 우리는 '아나바다' 운동을 실천하기로 하였다. 아나바다 운동은 아껴 쓰고, 나눠 쓰고, 바꿔 쓰고, 다시 쓰자의 줄임말이다. 언니와 나는 '야호' 만세를 부르며 힘들게 정리함을 차 안에 옮겨 실었다.

언니 집에 와서 수건으로 깨끗하게 닦고 텔레비전을 올려놓으니 근사했다. 그리고 우리는 하나라는 생각에 웃음이 났다. 그 잘사는 아파트에서 '아나바다'를 실천하려니 약간은 쑥스럽기도 하고, 부끄럽기도 하고, 아는 지인이나 만나지 않을까 망설임도 있었지만, 언니 처지와 형편을 생각하니 그런 부끄럼은 순식간에 사라졌다. 혹여나 나를 봤을지라도 언니가 내 친언니라면 부끄러워하지 않고 당당하였을 것이라는 마음이 들었다.

그리고 언니에게 준 집들이 선물은 라면과 언니 아들이 좋아하는 달콤한 크림빵이었다. 언니는 내가 가지고 간 라면을 맛있게 끓여주었다. 우리는 행복하고 만족스럽게 라면을 왕후의 음식처럼 맛나게 우아하게 먹었다. 그리고 말없이 서로에 대한 우애와 사랑에 감사하였다.

언니에 대한 나의 사랑의 마음과 응원이 전해지길 바란다. 사랑한다는 것은 그 사람의 처지와 형편으로 내려가서 함께하는 것이라는 것을 깨닫게해준 날이었다. 언니를 위해서라면 나는 나의 얼굴과 이름을 언제든지 '내려놓음'이 가능하다. 나의 제자들이 나의 그런 모습(남이 버린 가구를 주워가는 모습)을 보았더라도 상관없다. 왜냐고 나는 언니를 사랑하니까 사랑한다는 것은 이론도 아니고, 값싼 말의 위로가 아닌 행동인 것이고, 실천인 것을 알게 되었다. 이것은 마음의 스승이신 어느 한 분이 나에게 깨달음으로 알게 해주었다.

그날 저녁 오랜만에 평온하고 달콤한 잠을 잘 수 있었다. 언니를 사랑하는 그 마음으로 나는 나의 허울과 가식을 벗을 수 있었고, 낮아짐과 배려의 진정한 참맛을 알게 되었기 때문이다.

그날 나는 언니의 그라민 은행이 되었을까? 궁금했다.

『장자』에 나오는 재미있는 이야기가 있다. 장주가 나라의 관리에게 곡식을 꾸러갔다. 관리는 곧 세금을 걷을 것이니 그때 거금 삼백금을 빌려주겠다고 큰소리를 떵떵 친다. 그러자 화가 난 장주는 붕어에 대한 비유로 대꾸를 했다.

'조그만 웅덩이에 물이 말라 붕어가 장자에게 구원을 청한다. 장자는 남쪽에 가서 촉강의 물을 보내겠다고 대답한다. 그러자 붕어는 답답한 마음으로 한 양동이의 물만 있으면 되는데 멀리 있는 강물

을 끌어다가 주겠다는 것이냐, 차라리 죽겠다고 한다.' 나는 생각한
다. 언니에게 훗날의 거금보다는 당장의 외로움과 거리감을 달래줄
수 있는 사람이 더 그리웠을 거라고…….

정말 낮아지고 섬기는 것은 이런 것이 아닐까 생각해본다.

64
죽마고우 J에게

　죽마고우, 관포지교, 오성과 한음, 다윗과 요나단. 이와 관련된 것은 친구와의 우정을 사랑보다 귀하게 여겼던 사람이다. 필자는 남녀간의 사랑보다도 우정이 더 그립다. 남녀 간에 허접한 사랑은 서로의 애욕을 위해 이용하지만, 끈끈하고 애틋한 우정에는 고귀한 의리가 있다. 남녀 간의 사랑에는 돈과 배신의 그림자, 어두움이 더 많지만 우정은 한 차원 더 높다. 유안진의 말처럼 사람이 자기 아내나 남편 그리고 제 형제나 제 자식하고만 사랑을 나눈다면 어찌 행복해질 수 있을까? 작은 그릇이 된다. 우정으로 그리고 더 나아가 인류애로 확대되어야만 한다. 그러니 나는 사랑보다 우정을 택할 것이다. 우정도 남녀 간의 사랑도 의식 수준이 높아져야만 가능하다. 그나마 내가 이 정도로 남편을 덜 좋아하기에 학자가 되어 고상한 세계로 인도될 수 있었다. 남편에게 내 에너지와 관심을 집중시켰다면 나는 아무것도 못 되고, 정신적으로도 남편에게 의존하는 그릇이 좁은 아내에 충실했을 것이다. 남편이 나를 외롭게 하고, 기댈 수 없게 만들었기에 대신 나는 공부할 수 있었고, 학문을 탐구할 수 있었다. 그러니 나는 당연히 우정을 택한다. 나는 그러한 친구가 있다. 예술과 인생을 소중히 여기는 한 친구가 있다. 슬픔에 지쳐 울고 싶을 때, 비 오는 밤이나 눈 내리는 밤에 내 아픔을 비판하지 않고 나와 하나 되어 들어줄 진실한 친구가 하나 있다. 내가 기쁠 때는 같이 기뻐하였고, 힘이 들었을 때는 위로를 준 친구다. 진실한 친구 J이다. J는 성품이 할 말은 하는 그런 친구였다. 얼굴에 직접대고 하는 책망은 곧 사랑의 다른 면이다. J는 성품이 진실하고 순수했다. 내가 가장 닮고 싶었던 J의 성품에는 세 가지의 좋은 점, 본받을 점이 있었다. 공부를 함에 있어서 성실했던 모습, 먹을 것을 나눠줬던 배려심, 그리고 동생들을 위해 희생했던 친구를 떠올려본다.

친구는 항상 부지런했고 항상 앞자리에 자리를 잡았다. 친구는 공부함에 있어서 언제나 성실했다. 그녀의 필통 속에는 언제나 가지런히 깨끗하게 정돈되어 있는 연필 여러 자루가 준비되어 있었다. 시험 볼 때 허둥지둥 쫓기듯이 챙기는 나와는 비교되듯 그녀는 항상 공부 도구를 준비하는 철저함이 있었다. 숙제도 또박또박 바른 글씨체로 정성껏 해와서 국어선생님에게 칭찬받고는 했다. 나는 그녀의 성실함으로 인해 도움을 받았다. 연필도 빌려주고 일찍 와서 자리를 맡아 주었다. 그러한 배려 뒤에는 그녀의 성실함이 있었다. 그리고 친구는 도시락을 넉넉히 싸와서 나와 같이 먹었다. 그 당시 늘 배가 고팠던 나는 J의 도시락을 가장 많이 신세진 사람이었다. 신 김치를 달달 볶아서 돼지고기를 갈아 넣은 친구의 김치도시락은 겨울 메뉴 중에 최고였다. 항상 마지막 숟가락만큼의 분량은 "너 먹어. 나는 배불러"하고 양보했던 J. 내 키가 165cm가 넘은 것은 그 친구의 숨은 사랑과 배려가 숨어 있다.

그리고 친구는 갑작스럽게 병환으로 아버지를 잃게 되었다. 남겨진 다섯 명이나 되는 자녀들을 보며 친구의 어머니는 어려운 결정을 하셨다. 친구 어머니는 친구에게 고등학교를 포기하라고 하셨다. 친구는 몇 날 며칠을 잠도 못 자고 먹지도 못하며 어머니에게 부탁했지만, 결국 동생들을 위해서 자신이 고등학교를 포기했다. 그 후 J는 한동안 힘들어 하였다. 나는 그런 친구의 마음을 알지 못했고 내 공부에만 신경을 썼다. 친구가 가장 아파했을 때 나는 그 친구를 돌아보지 못했다. 친구가 가장 아플 때 나는 다가가지 못했다. 진즉에 그 친구의 마음을 헤아리지 못해 미안한 마음이다.

이제라도 그때의 감사한 마음을 표현해 봐야겠다. 마음과 행동으로 보여줄게. 너의 그 예쁜 마음 성실함, 친구를 향한 배려심, 동생들을 위한 희생의 마음 나도 닮고 싶다. 너의 그 고귀한 마음 나에게도 전해진다. 친구야~~ 이제는 아름답고 향기로운 인연으로 내가 너에게 다가갈게. 성실함과 배려심과 희생의 마음을 가진 내 친구 J야…….

65

About time

'About time'의 일반적인 의미는 시간에 대해서, 문장 끝에 쓰이게 되면 비격식 표현으로 "한숨 돌렸다"이고, 때로는 '무엇을 할 시간이다', 또는 '때가 왔다' 등으로 쓰인다.

시간에 관한 나의 생각은 오늘 네가 헛되이 보낸 시간은 어제 죽은 이가 그토록 원하던 내일이라는 것이다. 시간표를 짜는 것보다 소중한 일은 "우선순위"를 정하는 것이다.

그럼에도 나는 시간을 낭비하는 몹쓸 버릇이 귀신처럼, 괴물처럼 내 몸에 습관으로 남아 있다. 무엇을 할 때 시작하기까지 몹시 시간을 정체하거나 미적거리는 이 몹쓸 병은 과연 어디서 온 것인가? 나는 나를 분해하기 시작한다. 그리고 죄책감에 빠질 때도 있다. 죄책감은 나를 아래로 침몰시키려 한다. 죄책감이 아닌 반성을 하고 싶다. 반성은 마음을 바꾸는 것이다. 죄책감은 마음은 바꾸지 않고 뒤로 물러가는 태도이다. 그러나 반성은 마음을 바꾸고 앞으로 행동을 달리하겠다는 결단이고 의지인 것이다. 밖의 일을 도모하기 위해 나의 내면도 꽉 차 있는가? 둘째, 상대방과의 상호작용에서 배려하였는가? 셋째는 내가 익히고 실천한 것을 타인에게 전했는가?

톨스토이의 인생론에는 흥미 있는 이야기가 나온다. 어떤 사람이 들에 나갔다가 사자를 만나 두려움에 쫓기다가 그만 절벽으로 떨어지게 된다. 구사일생으로 절벽에 걸쳐 있는 칡덩굴을 의지하게 된다. 그러나 여전히 절벽 위에서는 사자가 으르렁대고 있고 절벽 아래에는 뱀들이 우글거리고 있다. 덩굴을 잡은 손은 점점 힘이 빠져가고 있다. 그 순간 어디에서 달콤한 냄새가 난다. 가까이에 꿀벌집이 있는 것이 아닌가?

그 사람은 꿀맛을 보고 행복해한다. 그때 머리 위에서 바스락거리는 소리가 나서 쳐다보았더니 자신이 의지하고 있는 칡넝쿨을 검은 쥐와 흰 쥐가 번갈아 가며 쥐구멍에서 나와 갉아먹고 있는 것이 아닌가? 톨스토이는 비유적으로 이것이 인생이라고 했다. 검은 쥐와 흰 쥐는 우리가 보내고 있는 밤과 낮이라는 시간의 화살이다. 그리고 사자는 우리가 가지고 있는 두려움과 열등의식과 같은 것이고, 꿀은 인생의 고통 속에서도 자신이 추구하는 그 어떤 것이다.

인간이라는 존재는 시간과 싸우고, 자신의 열등한 것들과 싸우고, 안간힘을 다하여 자신의 꿈과 소망하는 꿀에 접근하려고 애쓰는 것이다. 그럼에도 마지막에는 심판이 우리들을 기다리고 있다. 그러한 인생의 과정들에서 하늘을 우러러 한 점 부끄럼이 있었는지 없었는지 조물주에게 점검받게 되는 것이다. 만일 우리의 주어진 시간이 우리 몸에서 보여질 수 있다면 하루하루를 좀 더 충실하게 보낼 것이다.

머칠 전 TV를 보니 주인공이 자신의 손목을 통해 수명이 줄어들거나 늘거나를 가늠할 수 있게 되는 것을 보았다. 주인공은 자신의 수명을 연장하기 위해 안간힘을 쓰고 있었다. 나도 몇 년 전에 긍정 프로그램 연수를 통해서 '입관체험'과 '유서 쓰기'를 한 적이 있었다.

그때 나는 나의 실존과 마주하고 있었다. 내가 이룬 것들과 가족들, 나의 외적인 것들은 다음 삶으로 가지고 갈 수 없는 것들이었다. 그런데도 나는 이런 것들을 위해 살아왔었다. 교수가 되고 싶어서 공부를 했고, 더 큰 집을 위해 적금을 들었고, 아이들에게는 나와 같은 삶을 강요했었다. 죽음과 마주치는 의도적인 프로그램인 계기를 통해 나는 그런 외적인 것이 중요한 것이 아니라는 생각이 들었다.

우리가 죽음을 마주하는 그런 순간에 인생에 대해 진지하게 생각해볼 수 있는 터닝포인트 점이 되는 것이다. 삶이 있는 것처럼 죽음도 있다는 것을 인정하게 되면 욕심이 줄어든다. 몸보다 더 중요한 것이 정신이라는 것 그리고 영혼 불멸을 말했던 그리스의 철학자처럼 영혼이 돌아갈 곳을 생각하게 된다. 몸이 밖이라면 영혼은 안이다. 이 영혼이 돌아갈 곳에 그곳에서 내가 만나야 하는 분! 그분은 조물주이다. 조물주 앞에 우리는 무엇을 가지고 갈 수 있을까?

마음과 마음으로 행했던 선한 일들만 가지고 갈 수 있다. 내 마음에 있는 것들이 신의 성품을 닮을 수 있다면 얼마나 좋을까? 살아 있는 동안에 그런 것들을 행하면서 살아가야 하리라. 내 마음이 천국이라면 사랑, 용서, 축복만이 가득하리라. 그러나 나의 조급함으로 인해 놓쳐버린 것들을 생각하게 된다. 매일매일 내 안에서 시기, 질투, 미움, 자존심, 분노, 욕망, 두려움, 슬픔, 무기력, 죄책감, 수치심들을 없애려고 한다. 이러한 시기를 불러일으키는 사람을 보면 욕심이 움직이고 그러면 그 사람이 가지고 있는 것들이 그렇게 시샘이 난다. 이런 자신을 보면 죄책감이 올라온다. 마치 병에 있는 찌꺼기들이 아래로 침잠했다가 병을 흔들면 수면 위로 올라오는 것처럼 말이다. 인정하기 싫지만 나의 내면에는 어린 시절 부모님과의 상호작용의 결과물이기도 하면서 오늘 결단하는 나의 의지의 결과물들이 내재되어 있다. 나는 여자 형제들이 없었다. 그래서 예쁜 것, 고운 것, 좋은 것은 언제나 당연히 나의 것이었다.

나의 핵심정서를 '질투는 나의 힘'으로 사용했고, 그것이 지성과 미모라는 것과 더해져서 인생의 목표가 되었던 것이다. 마음속에서 질투가 있었을 때 나는 나의 내면에 괴물을 몰아내려고 하였다. 그리고 그 괴물이 자라지 않도록 매일매일 겸손하고 좋은 마음이 되기 위해 행동한다.

66

사람과 개의 차이

　사람은 천차만별이라고 한다. 그것은 외모의 차이가 아닌 마음의 차이이다. 외모와 얼굴은 얼을 담는 그릇에 불과하다. 필자는 이순신을 존경한다. 왜냐하면 오류가 없는 거의 온전한 사람이었기 때문이다. 위인들을 보면 대부분 성격 문제나 이성 문제 등 한 가지씩은 문제를 가지고 있다. 그러나 이순신은 모든 이에게 자신의 마음을 담아 행동했다. 어머니에게는 효자였고, 여자 문제도 없었고, 아들을 너무 사랑한 아버지였다. 그리고 동료와 부하를 사랑하는 모습들이 난중일기 곳곳에 보인다. 그리고 그를 몇 번이나 버린 선조를 향해서도 어떠한 원망도 없었던 충신이었다. 그의 글이 힘이 있는 것은 문체가 화려해서가 아닌 그의 말과 행동이 하나이기 때문이다. 이순신이 남긴 난중일기를 읽는 것은 이순신의 외모를 보기 위함이 아닌 그의 정신적 크기와 깊이를 보고자 함이다. 그가 남긴 기록을 통해 그가 얼마나 정신력이 강한 사람이었는지 알 수 있다. 그는 조선 백성들의 의식 수준이 두려움이었을 때 진정으로 동기부여가 되어 있던 사람이었고, 자신의 정신적 깨달음을 통해 두려움을 용기로 바꿀 수 있게 해주었다. 말은 곧 그 사람이다. 말과 행동이 같아질 때 동료도 부하도 그 사람의 말을 믿고 따라주는 것이다. 이순신은 밖의 일을 도모하기 위해 자신의 마음을 점검했고, 동료와 부하들을 믿었으며, 먼저 자신이 행동한 후에 동료와 부하들에게 제시했다. 사람이라고 다 같은 사람이 아니다. 사람은 정신적인 의식 수준에 따라서 같은 상황, 같은 장소에서도 서로 다르게 느끼고 그 느끼는 바에 의해서 호르몬과 정서를 불러들인다고 할 수 있다.

개를 닮은 사람들은 어떤 사람들인가? 자신의 직업도 자신의 모든 능력도 오직 자기의 몸을 위해서 사용하는 사람들이다. 어린 시절 우리 집은 개를 키웠다. 개는 귀여운 동물이다. 하지만 그들이 생각할 수 있는 것들은 하등한 것들이다. 먹을 것을 주면 좋아서 꼬리를 치고, 주인에게 잘 보이기 위해 낯선 사람들이 오면 짖어대기도 한다. 간혹 어떤 개는 주인에게 꼬리를 치면서 애교를 부리기도 한다. 하지만 개는 오직 먹을 것만 생각한다. 개에게 밥그릇과 보석을 준다면 개는 당연히 밥그릇에만 관심을 갖는 것이다. 개를 닮은 사람들은 자신의 부, 권세, 명예만을 생각한다.

필자도 전에 명예를 유지하기 위해 불의와 타협할 것을 제시하는 사람들을 만난 적이 있었다.

그러나 남편의 얼굴을 떠올렸고, 아이들의 얼굴을 떠올리고 유혹을 이겨낼 수 있었다. 이 세상에 비밀은 없는 법이고 그렇게 유지되는 명예가 진정한 명예일 수 없다는 결론이 내려졌다. 그렇게 명예를 붙잡는다고 한들 20년이나 25년이면 끝날 일에 자신의 이름을 건다는 것은 너무나 어리석고 미련할 것이다. 부, 명예, 권세는 진정으로 자신의 것이 아니다. 그것은 시간이나 죽음을 통해 신속히 날아가는 허상들이다. 우리가 만일 사람이라면 내면, 즉 내적인 마음을 가꿔가야 한다.

믿음과 덕, 지식, 절제, 인내심, 경건, 우애, 사랑 등 내면의 싹들이 자라서 나물이 되고 나무가 되어야 작은 사람들의 진정한 휴식처가 될 것이 아닌가? 지구별에 소풍 온 우리들이 자신이 주인이라도 된 양 욕심으로 헛된 것들을 구하는 것이다.

나는 오늘 믿음이라는 내 마음의 씨에게 얼마나 물을 주고 가꾸었는지 돌아본다. 나를 믿고, 또 내 동료를, 내 아이를 믿어주었는가? 의심하고 대했는가? 또 나는 덕을 얼마나 베풀었는가? 겉으로만 덕 있는 것처럼 행했는가? 아니면 안과 밖이 같았는가? 또 내가 덕을 익힌 후에 권하였는가를 생각해본다.

무엇을 할 때는 항상 겉모습과 내면이 하나이고, 동료의 처지를 배려했는지 또 내가 반드시 익힌 것을 다른 사람에게 전했는지 나를 점검해보아야 한다. 이 세 가지가 이뤄져야 남을 가르칠 수 있는 자격이 있다 해도 과언이 아니다. 개를 닮은 사람과 진정한 사람들은 다르다. 진정한 사람들은 하늘의 메시지를 양심을 가지고 지킨다. 자신에게 피해가 온다 해도 선한 내면을 지키는 사명을 감당하는 사람들이다.

67

'나는 할 수 있다'의 네 가지 정보원

효능감이란 무엇일까? 무엇을 할 수 있다고 생각하는 본인의 능력에 대한 신념이다. 실제로 공부를 잘하기 위해서 필요한 것은 무엇일까? 우리는 보통 아이큐가 높으면 학습에 대한 접근과 숙달 접근이 높을 것이라고 생각하기 쉽지만 사실은 심리적인 자기효능감이 더 많은 영향을 미친다. 보통의 지능을 가지고 있더라도 자기효능감이 높은 사람들은 성취에 접근한다.

효능감의 근원은 네 가지 정보원을 통해서이다. 첫째는 본인의 성공 경험이 필요하다. 둘째는 대리 경험이 있어야 한다. 셋째는 언어적 설득이고 넷째는 정서적 각성수준을 통해서이다.

과거에 성공 경험을 많이 해보았던 사람은 일시적인 실패에 대한 내성과 참을성이 있다. 과거에 성공 경험이 일시적인 실패에 더 강한 영향을 미치기 때문이다. 나는 할 수 있다는 효능감의 두 번째 정보원은 대리 경험에 의해서이다. 자신의 친구나 자신과 능력이 비

숫한 동료가 어떤 일을 성공적으로 수행하는 것을 관찰하는 것만으로도 나도 할 수 있다는 자신감이 차오를 수 있다. "저 친구도 했으니 나도 시도하면 할 수 있겠는 걸." 그래서 친구 따라 강남 간다라는 말이 생겼을 것이다. 옆에 지인이나 친구들을 긍정적이고 자신의 일에 최선을 다하는 사람들로 두는 것이 중요하다. 그들을 통해서 우리도 영향을 받기 때문이다. 인적환경이 너무나 중요하다. 친구를 내가 배울 점이 있는 사람으로 고르는 사람들은 친구를 통해 좋은 에너지와 파동을 받고 싶기 때문이다. 친구를 선택할 때는 즐거움과 쾌락추구, 유용성, 복지차원의 존중과 배려가 중요하지만 가장 중요한 점은 자신의 일을 통해 효능감, 즉 "할 수 있다"는 믿음과 자신감을 가지고 몰입하는 점을 보아야 한다. 그런 사람들의 자신감과 열정은 주변 사람들을 감동시킨다. 자신의 일에 지극히 최선을 다하는 사람은 겉에 정성스러움이 배어나오고, 드러나고 밝아진다. 밝아지면 옆에 있는 친구를 감동시키고 변화시키고 그 행동을 모델링하게 되는 것이다. 열정적인 사람은 자신과 친구 그리고 세상을 변화시킨다.

효능감의 세 번째 근원은 언어적 설득이다. 사람들은 자신의 도전에서 실패하게 될 때 옆에 자신의 의미 있는 타인들의 설득에 의해 다시 도전할 수 있는 힘을 얻게 된다. 물론 물리적 공간 안에서 이런 스승이나 부모를 통해 좋은 말, 도전의 말을 듣게 되면 행운일 것이다. 그러나 만나서 의논이나 조언을 들을 수 없다면, 강연회나 책을 통해서도 비슷한 사례에서 다시 일어난 멘토들의 조언에 귀를 기울일 필요가 있다. 눈과 귀를 열고 마음을 열면 그런 조언이나 설득을 들을 수 있다.

효능감의 네 번째 정보원은 정서적 각성에 의해 나의 효능감이 떨어진다는 원리이다. 그러나 정서적으로 안정된 편안한 마음은 나의 할 수 있다는 인지적 차원에 자신감을 불어넣어 준다.

평소에 요가, 기도, 명상, 산책, 음악감상을 통해 다소 불안한 상황에서도 자신을 진정시키는 심상훈련이 필요하다. 도전을 스트레스로 인식하지 않고 즐거운 시도로 생각하는 것도 많은 도움이 된다. 생각의 전환을 통해 스트레스가 아닌 즐거운 몰입의 차원으로까지 끌어올리는 태도와 성향이 필요하다. 평소에 정서적 안정에 기여할 수 있는 각종 스트레칭과 운동, 명상과 음악파동 등을 통해 몸을 건강하고 밝게 가꿔나간다면, 극심한 스트레스 상황에서도 자신을 진정시킬 수 있는 내면의 힘과 에너지가 커진다. 꾸준한 연습과 훈련으로 정서적 안정감을 이루어 나가는 것이 나는 할 수 있다는 효능감에 좋은 영향을 미치게 된다.

지각된 자기효능감은 성취상황에서 사람들의 행동과 사고, 정서 반응에 영향을 준다. 보통 사람들은 자신의 능력에서 벗어난 것으로 보이는 과제와 상황을 회피하려 하며 스스로 처리할 수 있다고 판단되는 활동을 찾기 때문이다. 자기효능감이 높은 사람들은 더 어려운 과제를 선택하고 목표를 더 높게 잡으며, 과제를 오랫동안 지속한다.

68

모든 일은 생각하고 행동하기 나름이다

옛날 중국 은나라의 주왕시대에 있었던 일이다. 어느 날 참새 한 마리가 임금님이 사는 성의 귀퉁이에 큰 새 한 마리를 낳았다. 이것을 보고 점쟁이는 '작은 것이 큰 것을 낳았으니 나라가 흥할 징조이다.' 이 말을 전해들은 주왕은 참새가 자신을 도와줄 것을 믿고 나라를 돌보지 않고 사납고 악한 짓만 일삼았다. 신하들은 일신의 안일 때문에 충언을 하지 않자 나라는 점점 쇠약해져 갔고 마침내 이웃 나라가 쳐들어와 갑자기 망해버렸다.

얼마나 어리석은 왕인가? 은나라 주왕은 제 할 일은 하지 않고 직관에 의존해 그때그때 다른 점괘를 내어놓는 점쟁이를 말만 믿고 기고만장하고 말았다. 예나 지금이나 하늘은 스스로 돕는 자를 돕는다. 자기가 해야 할 일은 하지 않고 하늘만 보고 있었기에 복이 도리어 화가 된 것이다. 이와 비슷한 사례이지만, 자신의 행동을 삼가고 성찰하여 행동한 사람도 있다.

상나라의 태무왕 때에 일시적으로 올바른 도와 법이 무너진 시기가 있었다. 하늘은 태무왕이 깨닫게 하기 위해 재앙을 하나 내렸다. 궁궐에 상곡이라는 나무가 싹을 틔우더니 7일 동안 한 아름드리 큰 나무로 자라났다. 이를 본 점쟁이는 액운이 깃들 징조로 말하는 것이었다.

"상곡이란 나무는 들에 자라는 것인데 궁궐의 뜰에 났으니 나라가 망할까 두렵습니다."

점쟁이의 말을 들은 태무왕은 자신의 행동을 성찰해보았다. 그 후로 태무왕은 두려워하고 몸을 삼가며 올바른 정치로 백성을 다스렸다. 그러자 이웃 나라의 백성들도 많은 재산을 가지고 태무왕의 통치를 받겠다며 찾아왔다. 태무왕은 은나라 주왕과는 다르게 생각하고 처신하는 사람이다. 태무왕은 자신을 돌아보고 자신의 행동을 성찰한 왕이었다. 자신의 부족함을 인정하고 고쳐나갔으며 무당의 조언을 신중하게 받아들여 자신의 행동을 수정하는 데 반영한 것이다.

효능감의 근원인 '언어적 설득', 즉 주변의 현자나 스승의 통찰력 있는 조언을 수용한 대표적인 예이다. 하늘은 스스로 돕는 자를 돕는다. 태무왕은 자기의 일에 최선을 다했으니 화가 변하여 복이 된 것이다.

운명은 없다. 팔자도 없다. 운명과 팔자는 다 자신의 생각에서 만들어지는 것이다. 운명이나 팔자타령 하는 사람치고 최선의 노력을 기울이는 사람은 없다. 스스로 최선을 다하고 결과는 하늘에 맡기는 법. 준비는 하고 있어야 하늘에서 쓸 수 있다. 준비도 안 하고 자신의 일도 하지 않으면서 기회가 없었고, 운이 안 따라줬다는 말은 변명에 지나지 않는다.

운명아, 길을 비켜라. 내가 간다. 내 행동이 곧 내 인생을 결정한다. 성공학에 관련된 학자들의 말을 빌리면 성공 요소 중에서 자신의 능력과 노력, 자원을 60%라고 본다면 그 외에 자신이 어쩔 수 없는 부분이 40%라고 한다. 운적인 요소가 성공 요소의 40%라고 보는 것이다.

당장 눈앞에서 바라볼 때는 그럴 수도 있다. 그러나 실패에도 굴하지 않고 꾸준히 노력하는 사람에게는 승률의 퍼센트가 계속 상승하게 된다. 열정과 열심인 사람에게는 운도 항복하고 도와주기 마련이다. 하늘은 스스로 돕는 자를 돕는다는 말처럼 말이다.

이와 비슷한 이야기가 물리학의 '양자비약' 이론이다. 핵 주위를 도는 전자가 궤도를 변경할 때 에너지를 얻음에 따라 시계의 분침처럼 조금씩, 조금씩 궤도를 이동하는 것이 아니다. 99%의 에너지를 얻을 때까지는 '가'라는 궤도를 돌게 된다. 그러나 100%의 에너지를 얻는 순간 '나'라는 궤도로 변경되어 나타난다. '가'라는 궤도에서 사라지고 '나'라는 궤도에서 갑자기 나타난 전자들의 대도약은 무엇으로 설명할 수 있을까? 이러한 대도약이 일어난 후에 일어나는 증폭과 확장은 예측하기 힘들다고 한다.

노력을 해도 성과가 나타나지 않는다면 지금까지 나의 노력을 99%로의 전자 운동이었다고 생각하면 어떨까? 1%가 채워지면 그동안의 애벌레의 기어가기가 아닌 나비로서의 비상으로 그 증폭과 확장이 얼마나 큰 파동이 될지 짐작하기 어려울 것이다.

69

효능감 멘토, 링컨

누구의 삶의 이력서일까요?

1831년 사업실패

1832년 주의원 선거 낙선

1834년 사업실패

1841년 신경쇠약증

1843년 국원의원 공천받지 못해 낙담

1855년 상원의원 낙선

1860년 대통령 당선

링컨의 삶은 2번의 사업 실패와 3번의 정치적 실패, 좌절로 인한 마음의 병까지 있었다. 성공의 비결은 실패라고 말했듯이 그의 삶은 좌절했을 때마다 다시 튀어 오르는 오뚝이 같은 사람이었다.

링컨은 심리적인 관점에서 바라볼 때 특별한 사람이다. 어린 시절의 가난과 어머니의 죽음이 그를 할퀴고 지나갔는데도 그의 인생에는 그 상처의 자리가 없다. 오히려 그러한 상실과 근원적 슬픔 때문에 그는 '인생의 덧없음'을 깨닫고 낮은 끌개를 사용하지 않았다. 그는 높은 끌개를 사용했다. 낮은 끌개 차원을 사용하는 사람들은 무엇을 입을까 마실까 하는 차원의 사람들이다. 높은 끌개 차원의 사람들은 보다 원론적인 가치나 분별을 더 소중하게 생각하는 사람이다. 링컨이 점점 더 정신적으로 인격적으로 성숙하는데 결정적으로 기여한 것은 무엇일까? 아버지는 아니었던 것 같다. 아버지는 초창기에는 사냥꾼이었지만 나중에는 농부로 정착했다. 농지를 개간하는 일을 할 때 링컨은 일 하는 중간에 주위 사람들을 웃기는 유머이야기와 정치적 연설을 연습하곤 했다. 하지만 링컨의 아버지는 이런 링컨을 이해하지 못하고 야단을 치는 아버지였다. 훗날의 대통령을 알아보지 못하는 아들의 잠재력과 가능성, 아들의 꿈과 비전을 전혀 인식하지도 못하고 알아주지 못하는 아버지는 안목이 결여된 사람이었다. 훗날에도 링컨은 이런 아버지와 살가운 대화 사랑의 대화는 없었던 것으로 나타난다. 그렇다면 링컨의 삶에 지적 물음과 변화시킬 현실적 과제를 던져준 것은 무엇이었단 말인가?

그것은 새어머니를 통해 알게 된 지적 대화, 즉 책과의 대화를 통해서 가능했다. 새어머니는 나비효과로서의 매개체 역할을 톡톡히 해낼 수 있는 몇 권의 책을 가지고 링컨의 아버지에게 갔다. 그녀는 친절하고 부드럽게 링컨을 지적 세계로 안내했다. 그녀는 링컨과 책을 연결해준 최초의 사람이었다. 그 후로 링컨은 스스로 책을 사용해서 모든 인생의 문제를 풀어나갔다. 그는 책을 통해 하룻밤에도 몇 세기 전의 위인들과 대화를 통해 현명한 사람이 되어갔다. 그의 게티버그 연설은 책을 통해 서서히 만들어져 간 것이지 어느 날 갑자기 머릿속에서 혜성처럼 떠오른 것이 아니다. 그는 준비하고 있었던 것이다. 책을 통해 연설문과 연설의 테크닉, 인품과 도덕적 가치, 어떻게 살 것인가 등등을 책을 통해서 모든 것을 얻은 것이다. 그런 면에서 그의 인생에 효능감은 대부분 책을 통해 언어적 설득과, 대리 경험을 통해 생각한 것을 자신의 삶에 적용하여 자신이 실천한 것이었다. 자신이 직접 행해서 얻은 성공경험은 할 수 있다는 자신감에 원천이 되었다.

책에는 저자의 바른 기운이 깃들어 있어서 가눌 수 없는 마음을 바로 세워주고 흩어진 마음을 가라앉혀준다. 언어에는 힘이 있다. 기운이 있다. 책을 읽게 되면 사람이 변한다.

책은 단순히 종이로 된 인쇄물이 아니다. 작가의 정신적 파동과 입자, 운동력과 에너지가 있는 것이다. 좋은 파동과 입자는 사람에게 기운과 에너지를 주는 것이다. 책에는 현인들의 지혜와 향기가 남아 있다. 정신적 울림이 있다. 이런 울림과 향기는 사람을 감동하게 하고 변하게 하고 닮게 만든다. 결국 책을 가까이하는 사람들은 훌륭한 조언자를 여러 명 둔 것이나 마찬가지이다. 장량이나 범증, 제갈공명 같은 책사를 옆에 두고 있는 사람이 전쟁에서 승리하듯 인생에서 성공하기 위해서는 훌륭한 조언자인 책을 가까이한다면 성공확률이 높아진다. 링컨은 책의 멘토를 통해서 나는 할 수 있다는 효능감을 획득했고 이것을 삶에 적용하였다. '나는 할 수 있다'는 효능감으로 인생을 물들이지 않으면, 대부분 사소한 것에 시간을 빼앗기며 남에게 휘둘리는 인생을 살기 쉽다. 책으로 자신의 인생을 바꾼 사람이 바로 링컨이었다. 좋은 책은 사람을 변화시키고, 책은 좋은 가치를 갖게 해주는 매개체이기 때문이다.

70

균형 잡기

자신의 운명을 사랑하라. 바꿀 수 있는 것과 바꿀 수 없는 것 사이에서 줄다리기를 잘해야 한다. 바꿀 수 없는 것은 무엇이 있을까? 운명론과 개척론 중에서 적절한 조화가 필요할 듯하다. 부모님과 나의 피부색, 그 외 가족상황은 바꾸기 힘든 조건이다. 그러나 그 외에 약한 체력, 보통의 지능, 직업의 선택 등은 나의 노력여하에 따라서 바꿀 수 있는 일이다.

'테헤란에서의 죽음'이라는 이야기가 연상된다. 페르시아에 부유하고 권력 있는 사람이 있었다. 어느 날 그는 하인과 함께 정원을 걷고 있었다. 갑자기 하인이 소리를 지르는 것이었다. 부유한 주인은 하인에게 왜 그렇게 놀라느냐고 물었다. 그러자 하인은 조금 전에 죽음의 신을 보았노라고 대답했다. 하인은 말을 이어갔는데 죽음의 신이 자신을 데려가겠다고 했다는 것이다. 그러면서 하인은 부유한 주인에게 가장 빨리 달리는 말을 빌려달라고 했다. 하인은 그 말을 타고 오늘밤 안으로 테헤란으로 도망칠 것이라고 했다. 주인은 두려움으로 위축되어 있는 하인에게 말을 주었다. 하인은 곧바로 말을 타고 테헤란으로 향했다.

부유한 주인은 하인을 배웅하고 집으로 들어갔다. 그런데 이번에는 그가 죽음의 신을 만났다.

부유한 주인은 죽음의 신에게 물었다. "그대가 내 하인을 두렵게 하고 위협했는가?"

그러자 죽음의 신은 웃으며 대답했다.

"위협하지 않았습니다. 다만 오늘밤 테헤란에서 그 하인과 만나기로 했는데 그가 아직 여기 있어서 놀라움을 표시했습니다."

황당하게 들릴지 모르지만 신은 공간과 시간을 초월하는 존재이고, 인간은 육체를 가졌기에 신에 비해서 아주 열등하고 미개하다. 시간과 공간의 제약을 받는 존재이다. 겨룰 상대가 안 되는데도 부유한 주인은 저승사자인 죽음의 신과 동등한 자세를 취하는 말을 한다. 그럴 수 없다. 부유한 주인도 하인처럼 놀라거나 오히려 납작 엎드려 겸손한 자세를 취해야 맞을 것이다. 늙고 병들고 죽는 인간의 운명 앞에서 신분 고하를 막론하고 인간은 나약한 존재임을 알아야 한다. 식물이 동물의 세계를 모르듯 하등동물이 고등동물의 세계를 모르듯이 인간의 차원에서는 신의 차원을 이해할 수도 그 능력을 가늠할 수도 없기 때문이다. 경전을 보면 신은 시간과 공간을 초월하여 나타나는 것을 알 수 있다.

이렇듯 신의 차원에서 보면 인간에게 정해진 시간과 운명이 있다고 보는 것이다. 커다란 틀에서 운명은 있다. 이를테면 인간에게 공통적으로 찾아오는 생로병사의 어두운 그림자들 말이다. 그러나 그

밖에 많은 일들은 나의 노력 여하에 달려 있다. 바꿀 수 있는 일과 없는 일 사이에서 균형을 잡는 일은 선택에 많은 부분이 달려 있다. 뜻이 있는 곳에 길이 있다.

필자의 아버지는 평소에 술을 많이 드셨다. 그런 이유인지 간암으로 돌아가셨다. 필자가 20대에 목격한 죽음이었기에 그 상실감은 너무나 컸다. 그러나 아버지의 병과 돌아가심을 내 탓으로 여기고 자책하지 않는다. 그때 필자가 좀 더 성숙했다면 아버지에게 금주와 금연을 결단케 할 수 있었으리라는 아쉬움과 안타까움이 남아 있다. 다만 우리 삼형제는 아버지에게서 중요한 교훈을 얻을 수 있게 되었다. 우리 조상들이 건강상으로 간에 대한 취약성을 갖고 있으므로 우리는 술을 멀리하고 간에 좋은 음식과 적당한 운동을 선택한다.

바꿀 수 없는 일은 과거의 어쩔 수 없는 일들이며 바꿀 수 있는 일은 그 일을 통해 얻게 된 우리의 교훈이다. 과거의 잘못을 바꾸기 위해 우리는 무엇을 할 수 있는가?

과거의 실패와 넘어짐에 돌아가서 그것과 직면하게 될 때 우리는 또 다른 국면을 맞이하게 된다. 잘못을 되풀이할 것인가? 아니면 좀 더 나은 삶을 위해 또 다른 선택을 할 것인가?

좌절되고, 슬프거나, 울적한 기분이 들 때, 우리 주위의 사람들은 쉽게 알코올을 선택한다. 이것이 한두 번 반복되고 그리고 습관이 되면 고치기 어렵게 된다. 그런 기분이 들 때 책을 읽거나 운동을 하고 자신이 잘하는 일에 집중하다 보면 심리적 엔트로피는 얼마든지 극복할 수 있다. 대부분의 사람들은 심리적 엔트로피로 인해 어리석은 결정을 한다.

심리적 무질서를 극복하기 위해 용기를 내는 일은 어려운 일이지만, 그래도 조금씩 도전한다면 내면에 내적 질서를 갖게 되고 성취 감도 얻을 수 있게 될 것이다.

이 지구에서 아주 적은 사람만이 용기를 내서 과거의 잘못과 실수를 반복하지 않기 위해서 노력할 것이며, 아주 극소수의 사람들만 내적 질서를 확립하게 될 것이다. 그 후에는 많은 사람들이 내적 질서를 갖게 될 것이다. 그러기 위해서 먼저 필요한 것은 용기이다. 용기 있는 자만이 자신의 잘못과 직면할 수 있다. 그리고 그렇게 된 자신의 역사를 살핀 후에 자신을 치료하고 앞으로 나아가는 자들이다. 이 세상에는 아주 소수만이 용기를 가지고 자신의 실수를 바로 잡을 것이고, 소수의 사람들만이 자신의 잘못을 진정으로 용서받게 된다.

▌에필로그

   사람을 알 수 있는 것은 그 사람의 생각을 통해 드러나는 말과 행동, 모습을 통해서이다. 능력이나 기술보다 더 중요한 것이 그 사람의 마음이고 그 사람의 의식 수준이다. 의식을 통해서 생각이나 사상이 나오고 의식을 통해서 그 사람의 감정이 결정되며, 이것은 곧 습관이 되어서 말과 행동으로 나온다. 한 사람의 모습을 통해 차가운 사람, 따뜻한 사람, 마음그릇이 큰 사람, 마음그릇이 작은 사람, 호탕한 사람, 옹졸한 사람 등으로 떠올리게 된다. 한 사람에 대해 알아가면서 보이게 되고, 그러면서 사랑하게 된다. 개개인의 마음그릇이 깨끗해지고 마음이 커지고 넓어진다면, 의식의 가장 높은 수준이 되는 깨달음에 이를 수 있게 된다. 그렇게 되면 긍정적 차원의 행동만 나오게 되어 사랑, 용서, 축복만 있게 될 것이다.

   마음의 건강 상태는 건강 양호, 건강 상태, 병적 상태로 나누어지게 된다. 병적 상태는 망상과 상상을 통해 자신의 욕구에만 관심을 갖는 상태이다. 병적 상태는 불균형적인 마음과 병적 습관이 굳어져 있으므로 이것을 바꾸는 것은 매우 어렵다. 병적 상태에서 마음을 바꾼다는 것은 그만큼 어려운 것이다. 그러나 선한 양심을 가진 사람은 '자기보기'가 잘 되어서 자신의 마음에 어떤 더러운 것이 묻었는지 잘 보는 사람이다. 이러한 사람들은 자신의 잘못을 인정하고 주위의 조언을 잘 듣는 사람이다. 선한 양심이 있는 사람만이 자연과 조물주의 뜻을 찾을 수 있다. 신은 사람들에게 신과 조우하고 소통할 수 있도록 양심을 만들었다. 양심의 기능은 옳은 것은 옳다고 하고 아닌 것은 아니라고 하는 것이다. 스스로 옳은 것을 판단할 수 있는 양심이 제대로 기능을 한다면 시비선악을 제대로 분별할 수 있을 것이다. 심리학은 인간 마음의 병적 상태를 일목요연하게 구분하고 있지만 병든 사람의 마음을 근본적으로 치유하는 일은 불가능하다. 의학이 진보했다고 하지만 전염병 등 병의 극히 일부분을 정복했을 뿐 희귀병이나 난치병 등을 완치하지는 못하고 있다. 심리학과 의학이 기여한 것은 병의 문제와 역사를 일목요연하게 구분하는 정도에 지나지 않는다. 증상개선에 도움을 줄 뿐 완치하기는 어렵지 않은가? 인간의 마음이라는 것은 심리학과 의학의 신경정신과에서 완치시킬 수 있는 부분이 아니다. 심리학은 인간 마음의 병적 상태를 진단하고 직면하는 도구일 뿐이지, 마음을 만든 것은 신의 영역이므로 신학에서 다루어져야 한다.

집을 고칠 때는 집을 만든 사람에게 찾아가야 하는 것처럼 개개인의 마음의 질병 상태를 진단하고 고칠 수 있는 것은 심리학자나 의사가 아니다. 심리학자나 의사는 증상을 개선할 뿐이고, 융의 말처럼 마음의 병을 완치시킬 수 있는 영역은 종교이다. 그럼에도 불구하고 자신의 마음에 어떠한 더러운 것이 묻었는가를 직면할 때 도움을 줄 수 있는 것이 심리학이다. 인간의 마음은 선과 악이 교차하는 아주 복잡하고도 미묘한 장소이다. 개개인이 가지고 있는 경험과 지식의 차이로 인해 이 마음은 더 복잡해진다. 마음에는 가시와도 같은 시기와 질투도 있고, 돌덩이 같은 상처도 있고, 딱딱해져서 양심이 작동하지 않는 상태가 되어 의심과 욕심으로 가득 찬 마음도 있다. 이 책은 자기 직면을 통해 '자기보기'를 하였으면 하는 마음으로 쓴 것이다. 사람은 아프고 괴로워져야 비로소 자기보기를 시작하고 타인에 대한 연민과 공감의 시선을 가질 수 있다.

그동안 필자는 자기 착각 속에 빠져 있었다. 다른 사람을 고쳐주고 바로 잡아주는 직업을 가졌지만 정작 자신을 보지 못하고, 듣지 못하던 사람이었다. 필자가 다닌 마음교실에서 비로소 스승을 통해 스스로를 바로 볼 수 있게 되었다. 나를 보게 되었을 때 많이 아팠기에 가식적인 나에게서 벗어날 수 있었다. 이 책은 나를 변화시킨 실천 편이라 할 수 있다. 이 책은 다른 사람은 볼 수 있었지만 정작 나 자신을 볼 수 없었던 스스로를 반성한 글이다. 나를 변화시키면 나의 자식도, 가족도, 사회도, 나라도, 더 나아가 세계도 변화시킬 수 있을 것이다.

백종순

1970년 강원도 춘천시 서면에서 출생했다. 한가로운 시골생활과 아날로그적 추억이 어린 시절을 장식했고 그 덕분에 이성보다는 감성이 발달했다. 어린 시절 근원적 체험으로 인해 작고 소중한 스토리를 좋아하게 되었고 그것을 수집해서 학생들과 나누는 것을 소명으로 여기고 있다. 교수로서, 긍정심리 강사로서 학생과 소년원 청소년들의 상처는 바로 외적인 것이 아니라 낮은 자기 가치와 낮은 자기 효능감이 원인이라는 것을 절실히 깨닫고 있다. 웃음과 긍정의 힘을 믿고 그것을 가정에서 적극 활용하고 있으며, 강의와 봉사로 긍정심리의 '지행합일'을 안과 밖에서 실천하고 있다. 7년 동안 남편 고향인 강촌에서 어린이집 원장을 지냈고, 시골에서 동화 같은 어린이집 운영이 전국에 소개되었으며, SBS 〈생방송 투데이〉, KBS 〈언제나 청춘-며느리를 소개합니다〉에서 시아버님과 다정히 노래를 했으며, 시아버님이 며느리 소개와 사랑을 전국에 알렸다.

송호대학교 유아교육과 교수로 재직했으며, 한림성심대학교, 중앙원격평생교육원에서 시간강사를 역임했다. 그 밖에도 부모교육, 긍정심리 강사로서 많은 사람들을 만나고 있다. 저서로는 『긍정으로 인생 물들이기』, 『교육의 실천적 지식』 등이 있고, 논문은 「협동학습에 기초한 동작교육이 동작교수 효능감에 미치는 효과」, 「자아존중감 증진 프로그램이 자아존중감 및 학교생활 만족도에 미치는 효과」, 「예비유아교사를 위한 자기 효능감 증진 프로그램의 개발 및 효과」가 있다.

긍정으로 인생 물들이기 2

초판인쇄 2018년 10월 22일
초판발행 2018년 10월 22일

지은이 백종순
펴낸이 채종준
펴낸곳 한국학술정보㈜
주소 경기도 파주시 회동길 230(문발동)
전화 031) 908-3181(대표)
팩스 031) 908-3189
홈페이지 http://ebook.kstudy.com
전자우편 출판사업부 publish@kstudy.com
등록 제일산-115호(2000. 6. 19)

ISBN 978-89-268-8577-2 03370